U0909019

XINSHIQI ZONGJIAO GONGZUO YU GUANLI

新时期宗教工作与管理

新玉言　编著

台海出版社

图书在版编目（CIP）数据

新时期宗教工作与管理 / 新玉言编著.
—北京：台海出版社，2015.1

ISBN 978-7-5168-0564-0

Ⅰ.①宪… Ⅱ.①新… Ⅲ.①宗教工作—研究—中国—现代 Ⅳ.①D635

中国版本图书馆 CIP 数据核字（2015）第 010796 号

新时期宗教工作与管理

编　著：新玉言

责任编辑：俞滟荣
装帧设计：张子航　　版式设计：罗水英
责任校对：史小东　　责任印制：蔡　旭

出版发行：台海出版社
地　址：北京市朝阳区劲松南路1号，邮政编码：100021
电　话：010-64041652（发行，邮购）
传　真：010-84045799（总编室）
网　址：www.taimeng.org.cn/thcbs/default.htm
E-mail：thcbs@126.com

经　销：全国各地新华书店
印　刷：北京中创彩色印刷有限公司
本书如有破损、缺页、装订错误，请与本社联系调换

开　本：710 mm×1000 mm　1/16
字　数：160 千字　　印　张：14.25
版　次：2015 年 5 月第 1 版　　印　次：2024 年 1 月第 2 次印刷
书　号：ISBN 978-7-5168-0564-0

定　价：58.00 元

版权所有　翻印必究

前　言

宗教问题是我国加速经济发展、建构和谐稳定社会的重大问题。目前，我国正处在社会转型期，面对经济体制转换时期社会生活、意识形态领域出现的新情况、新问题，面对宗教状况的新形势、新变化，我国的宗教管理工作将面临巨大的挑战。

在社会主义初级阶段，宗教仍有比较广泛的群众基础，宗教问题常常涉及千百万群众并且同民族问题交织在一起。从某种意义上讲，正确对待宗教问题就是正确对待群众的问题。我们在宗教问题上能否处理得当，维护广大信教群众的切身利益，对于维护社会稳定、民族团结、祖国统一和世界和平，具有不可忽视的重要意义。

宗教工作是党的工作的重要组成部分，如何对待和处理宗教问题，是摆在中国共产党面前不可漠视和回避的课题。做好宗教工作，关系到加强党同人民群众的血肉联系，关系到推进两个文明建设，关系到加强民族团结、保持社会稳定、维护国家安全和祖国统一，关系到我国的对外关系。

中国共产党从成立初期就制定了宗教信仰自由的政策。这是中

国共产党统战理论的重要内容，是统战工作的重要组成部分，是通过统战工作团结广大信教群众的重要实践。我国是一个多民族多宗教的国家，又是由中国共产党领导的，以马克思主义作为主导意识形态的统一的社会主义国家。对党和政府来说，正确认识和处理好宗教问题，必须坚持马克思主义宗教观的指导。

中国共产党在马克思主义宗教观指导下，经过长期探讨，特别是经过改革开放以来宗教工作经验的积累，逐步形成了中国特色社会主义宗教理论政策体系。党的十七大、十八大报告都强调“全面贯彻党的宗教工作基本方针，发挥宗教界人士和信教群众在促进经济社会发展中的积极作用”。党的宗教工作基本方针和发挥宗教界在促进社会和谐、经济社会发展、文化繁荣中的积极作用，成为新时期宗教工作的指导原则和行动纲领，受到各界高度认同，在实践中取得很大成功。

这些年来，由于马克思主义宗教观的逐步中国化和普及，不信教的人们对宗教的认识和态度越来越理性和包容，宗教与社会的关系日趋和谐。但不可否认的是，中国人大多数不是正规宗教信徒，很多人对宗教仍然缺少正确的认识，或存在偏见，甚至宗教界也有人对党的宗教工作方针没有全面认识，不知如何适应社会主义社会。

近年来，从事统战、民族、宗教工作干部的素质大大提高了，各级领导干部对宗教问题的重视程度和处理宗教问题的能力有了一定提高，但与形势的发展和宗教工作的要求还不相适应。由于各级干部新旧轮替、岗位转换的原因，很多新干部对宗教工作以及马克思主义宗教观和国家的宗教政策缺乏系统的了解，对宗教问题存在盲区或一知半解，很难全面正确贯彻执行国家有关宗教信仰自由政策。由此可见，从事宗教工作的各级干部的思想理论素质、专业知

识水平和实际工作能力有待进一步提高。

能否适应新形势下宗教工作的新要求，正确认识和处理宗教工作中的新情况和新问题，切实做好宗教工作，是衡量党的执政能力和领导水平的重要标志。当前，特别是2015年全国宗教工作会议召开以后，广大第一线干部强烈渴求学习和掌握宗教理论、政策和知识，迫切需要提高做好宗教工作特别是信教群众工作的能力。为此，我们邀请相关专家学者及从事统战、民族和宗教工作的同志编写了这本集学习党的宗教理论政策知识和做好宗教管理工作于一身的《新时期宗教工作与管理》。由于时间仓促，再加之水平所限，书中难免有不当之处，希望有关专家学者和具有从事宗教工作丰富经验的同志提出宝贵意见。

编　者

2015年1月

目录 CONTENTS

第一章

我国宗教和宗教工作面临的挑战

当前，我国经济社会发展已进入关键阶段。面对我国在新的历史条件下全方位、多层次的经济体制改革和对外开放，面对世界各种思想文化的相互激荡，面对世界上因民族、宗教、领土等因素频频引发的局部冲突和社会动荡，面对国际国内敌对势力利用宗教对我国进行的无孔不入的渗透和分裂活动，面对经济体制转换时期社会生活、意识形态领域出现的新情况、新问题等复杂情况，如何正确引导我国宗教事业健康发展，正确对待和处理宗教问题，切实做好新时期的宗教工作，是我国社会主义建设事业中的一个重要课题，也是建设有中国特色社会主义的一个重要内容。

我国社会正处在深刻变革时期，社会结构和社会利益格局复杂变化，人们的思想观念日趋多样，一些人从宗教中寻求心理慰藉，宗教在部分群众生活中的影响有所增强。同时，宗教领域还存在一些混乱现象和薄弱环节，宗教工作中还存在与形势和任务要求不相适应的问题。这在一定程度上使我国宗教问题的复杂性突出起来。正确认识和处理宗教问题，切实做好宗教工作，关系党和国家工作

全局，关系社会和谐稳定，关系全面建成小康社会进程，关系中国特色社会主义事业发展。要正确认识和全面把握宗教工作面临的新情况新问题，积极主动地做好宗教工作，促进宗教关系和谐，努力把宗教界人士和信教群众紧紧团结在党和政府周围，共同为全面建成小康社会、加快推进社会主义现代化而奋斗。

一 中国宗教的基本情况

我国是一个多宗教的国家。到新中国成立前，逐步形成了以佛教、道教、伊斯兰教、天主教、基督教五大宗教为主体，兼有少数其他宗教和多种民间信仰（如萨满教、东正教、三一教、妈祖信仰等）的基本格局。中国公民可以自由地选择、表达自己的信仰和表明宗教身份。

佛教在中国已有二千年历史。佛教在公元1世纪前后传入我国，先后与汉族文化和西南少数民族文化结合，形成汉传佛教（汉语系）、藏传佛教（藏语系）和云南上座部佛教（巴利语系）三大系统。

新中国成立后，废除了宗教封建特权和压迫剥削制度，使汉传佛教获得了新生。1959年西藏平叛后进行的民主改革，废除了封建农奴制度，实现了政教分离和宗教信仰自由，使藏传佛教获得了新生。

改革开放以来，佛教获得了较快发展。目前，全国共有开放的佛教活动场所约3.3万处，其中藏传佛教寺院3600多所，南传佛教寺院1700多所；全国共有佛教教职人员约22.2万人，其中藏传佛教约14.8万人，汉传佛教约7.2万人，南传佛教约2000人；全国有

佛教类宗教院校38所；信仰佛教的人数众多，难以统计。

道教发源于中国，已有一千七百多年历史。道教产生于公元2世纪，以《道德经》为最高经典，以老子为道祖，以符箓、炼丹、行气、服食为主要道术。宋元时期，道教正一派和全真派两大系统的格局基本形成。新中国成立后，道教革除了宫观封建经济，实行民主管理，古老的道教迈进了新时代。目前，我国共有道教宫观约9000处，道士约4.8万人，道教院校5所。信仰人数众多，难以统计。

伊斯兰教于公元7世纪传入中国。伊斯兰教由穆罕默德创立于公元7世纪初的阿拉伯半岛，唐宋时期，伊斯兰教随阿拉伯商人传入我国。北宋时期，伊斯兰教传入新疆喀什地区，16世纪遍及全疆。到明朝时，先后有回、维吾尔、哈萨克、乌孜别克、柯尔克孜、塔吉克、塔塔尔、撒拉、保安、东乡等10个少数民族信奉了伊斯兰教。在传播发展过程中，伊斯兰教与我国封建制度相结合，形成了教坊制和门宦制。

新中国成立后，我国伊斯兰教进行了宗教制度上的民主改革，废除了宗教封建特权和压迫剥削制度。目前，我国10个基本上全民信仰伊斯兰教的少数民族，共有人口约2200万。一年一度的朝觐活动有组织、有计划地进行，自改革开放以来，已有近14万穆斯林参加了朝觐；全国有大小清真寺3.5万余座；阿訇、毛拉等教职人员约5万人；伊斯兰教经学院10所。

基督宗教主要包括天主教、基督教（新教）和东正教三大派别。天主教自公元七世纪起几度传入中国，1840年鸦片战争后大规模传入。16世纪天主教耶稣会传教士来到我国，被称为天主教。1946年，罗马教廷宣布在我国建立圣统制，全国设20个总主教区，137

个教区，教徒约300多万。

新中国成立前后，罗马教廷顽固坚持反共立场，命令在华天主教机构和信众抵制新政权。1957年，中国天主教友爱国会的正式成立，推动了我国天主教走上独立自主自办教会的道路。目前，我国天主教共有97个教区，教职人员3397位；教堂和祈祷所约6000处；神哲学院（大修院）12所，小修院20余所；信众570多万人。

基督教（新教）于公元19世纪初传入中国，并在鸦片战争后大规模传入。基督教（新教）是在宗教改革运动中脱离天主教而形成的一个新宗派，以及后来又从这些宗派中分化出来的大量新派别的统称。新中国成立前夕，在我国活动的外国差会有130多个，发展教徒约70万人。1954年7月22日，中国基督教全国会议在北京召开，把三自革新运动改名为“中国基督教三自爱国运动”。

改革开放后，我国基督教坚持按“三自”原则办好教会，明确提出了治好、养好、传好的“三好”目标，积极开展神学思想建设，各项事业获得了很大的发展。目前，我国共有基督教信众2300多万人；教堂和聚会点约5.6万处；教牧传道人员约4.8万人；神学院校21所。

据不完全统计，中国现有各种宗教信徒一亿多人，宗教活动场所8.5万余处，各宗教教职人员约30多万人，各级宗教团体3000多个。宗教团体还办有培养宗教教职人员的宗教院校74所。

在漫长的历史发展中，中国各宗教文化已成为中国传统思想文化的一部分。在我国，全国性的宗教团体有中国佛教协会、中国道教协会、中国伊斯兰教协会、中国天主教爱国会、中国天主教主教团、中国基督教三自爱国运动委员会、中国基督教协会等。各宗教

团体按照各自的章程选举、产生领导人和领导机构。①

在长期的历史发展中，各宗教对我国政治、经济、文化、社会等方面产生过重要影响，在传承文化、服务社会、促进民族团结、维护祖国统一等方面发挥了一定的积极作用，形成了和谐包容、爱国爱教等优良传统。中国政府支持和鼓励宗教界团结信教群众积极参加国家的建设。

当代中国宗教界及广大信教群众是社会主义现代化建设的一支积极力量。改革开放以来，在党的方针政策的正确引导下，我国宗教在与社会主义社会相适应的道路上迈出可喜的步伐。宗教界人士和广大信教群众高扬爱国爱教的旗帜，积极参与社会生活，在投身现代化建设的历史过程中找准自己的位置，发挥自己特有的优势，为建设繁荣富强的祖国做出了积极的贡献。

二　中国宗教的发展现状

改革开放以来，得益于经济发展和社会进步，我国宗教状况发生了很大变化。公民宗教信仰自由权利得到尊重和保护，一座座新的寺观教堂落成，宗教活动正常有序，宗教在社会生活中的积极作用得到发挥，信教群众和不信教群众和睦相处，共同致力于社会主义现代化建设事业。宗教界认为，这几十年，是中国宗教发展的"黄金时期"。

在中国现有的13亿人口中，严格意义上皈依各大宗教的信徒至

① 国家宗教事务局党组理论学习中心组：《中国特色社会主义宗教理论学习读本》，宗教文化出版社，2013年12月版。

少有一亿多人，而广义的宗教信仰者或对某种宗教感兴趣、参与某些宗教活动的人更多。

大多数信徒的宗教生活只是他们精神生活的一部分，他们与其他不信教的群众在信仰上的分歧，属于个人在宗教信仰上的自由选择，并不影响他们和其他人一样是社会主义国家的公民，和其他人一样从事学习、接受现代化的科学技术等知识，和其他人一样都是各行各业的劳动者，从事生产劳动、科技创新等活动。

由信教群众组织而成的宗教团体，绝大多数都和其他群众团体一样，是在宪法框架下和法律法规范围内活动的合法组织，各级宗教团体在政府的引导下，积极与社会主义社会相适应。我们对中国宗教现状以及中国社会宗教治理的认识与评判，是以这样一种基本国情为基础和出发点的。

宗教的社会影响继续不断扩大，这是我国社会转型时期宗教的一个重要特征。具体表现在以下一些方面：信教人口的增加和各行各业新的宗教信仰者，使宗教得以进入更多领域，逐渐被各阶层更多的人所理解和接受。越来越多的宗教界人士被安排到由中央到地方的各级人大、政协和民族区域自治单位，在我国政治生活中发挥了并正在发挥着越来越大的作用，客观上提升了宗教对社会的影响力。伴随着企业家、知识分子、文艺工作者等社会名流的加入，“宗教等于迷信、愚昧、落后和精神毒品”等传统错误观念得到彻底转变，有效地增大了宗教对社会的影响。宗教界响应党和政府的号召，积极走与社会主义社会相适应的道路，热心于扶困济贫、修桥铺路、植树造林等各种社会公益事业，大力推进和谐社会的构建，与某些政府官员、党员干部贪污腐败现象形成了鲜明的对比，不仅赢得了党和政府的信任，而且还大大提高了宗教对社会和广大群众的亲

和力。

宗教社会影响的扩大，一方面，来自宗教本身在现行法律、政策允许的范围内不断发展自己。总体上来说，国家落实宗教政策，使合法宗教活动恢复的工作已基本结束。中国各主要宗教均已进入正常的发展时期，都希望并努力使自己的实力进一步增强，要求开放并新建新修更多的活动场所，各类宗教活动日益频繁。另一方面，社会各界在日益宽裕的社会环境中对宗教也表现出浓厚的兴趣，在很大程度上改变了传统上对宗教单纯的负面的看法。尽管很多人不信宗教，但对宗教已不再像以往那样采取歧视或敌视的态度，甚至抱有好感，认为宗教对当今中国社会不仅无害，反而有益。将宗教不仅看成是一种意识形态，一种社会历史现象，而且看成是一种文化现象，可以说是社会各界，尤其是理论文化界对宗教看法的重大突破。

宗教社会影响的不断扩大，在目前的一个显著标志就是宗教文化热的形成。随着近年来宗教信徒人数的增多，寺观教堂和宗教组织经济力量发展，宗教群体的自主意识和参与意识增强，宗教活动日益活跃，广泛进入社会慈善、文化教育、养生保健、传媒宣传甚至投资经营领域，对社会的影响不断增大。

各大宗教努力适应中国特色的社会主义事业，在两个文明建设中发挥着积极作用。

首先，在政治上，绝大多数宗教组织，绝大多数教职人员是热爱祖国，遵守法律，拥护共产党和社会主义制度、维护民族团结和祖国统一的，是积极协助党和政府贯彻执行宗教信仰自由政策的。宗教界的这一基本立场，在广大宗教徒当中起到了良好的政治上的凝聚作用。

其次，在经济建设方面，广大信教群众和不信教群众一样本来就是社会主义建设的主力军，他们直接在生产第一线，为国家创造着财富。在宗教界，以自办自养为目的的经济活动在一定程度上减轻了信教群众的负担，有助于克服宗教单纯靠施舍及政府救济的缺陷，有助于社会经济的发展。

第三，在社会主义精神文明建设方面，宗教界以对某些教义、道德规范所作的有利于社会主义的新解释，以其特定的道德说教方式，对教徒进行行善止恶的道德要求，恪守社会公德，有助于维护社会秩序的稳定和良好的社会风气。宗教界对宗教文化的学术研究，对优秀宗教文化的弘扬，对文物的保护等，都有助于社会主义文化事业的发展。现在，可以说宗教书刊越来越多，表现宗教内容的文艺作品日益增加。新闻媒介中宗教方面的信息量也相当可观，旅游文化中的宗教成分日益浓厚。

第四，在开展国际友好往来，推动世界和平事业的发展方面，宗教同样也起到了良好的作用。上述可以证明，这几十年是宗教与我国社会主义社会关系最为协调的时期，宗教界总体上已成为推进建设有中国特色社会主义事业的一支重要力量。

三　新时期中国宗教工作面临的主要问题

宗教问题是社会总问题的一部分。宗教问题是我国加速经济发展、建构和谐稳定社会的重大问题。在社会剧烈的变革当中，由于国际国内诸多因素相互交织，我国宗教领域也呈现出一些新情况和新问题，面临着新的形势和复杂严峻的局面。尤其是我国目前正处在社会转型期，各种矛盾凸显，宗教事务也更加复杂，使宗教管理工作面临新的挑战。

(一) 信教人数持续增长，信教者结构发生变化

据不完全统计，中国现有各种宗教信徒一亿多人，信教人数占全国总人口的10%左右。尽管有些少数民族几乎全民信教，但从全中国人口总数来统计，信教人数始终是少数。随着社会生活的急剧变化，有更多的人选择信仰宗教，宗教信徒数量出现了持续增长的势头，但各教情况不一。

中国信教群众存在着“五多”的特点：年龄上以老年人居多，性别上以妇女居多，文化程度上以低文化水平居多，在城乡分布上以农村信教群众居多，在区域分布上以少数民族地区、经济不发达地区居多。这“五多”的状况，尽管从总体上看，变化不大，但随着社会的发展与时代的进步，广大教徒的综合素质也在逐渐提高。

近年来一些地方的调查表明，宗教信仰者“五多”的结构发生了一些变化：中青年、男子、城市职工、白领阶层、知识分子、富裕地区的居民，信教人数有所增加，并有继续提高比例的趋势，开始出现了一批高素质、懂管理的职业传教者。他们的进入，对提高信教群众的整体素质和社会地位，激发宗教的活力，将产生一定影响。各宗教目前都面临着如何培养出具有较高思想政治水平、较高宗教学识与工作能力、良好身心素质的复合型教职人员，培养出能不断适应时代与社会发展需要的爱国爱教的教职人员的问题，这是我国当代各种宗教所面临的第一位的、长期的、艰巨的任务。[①]

我国信教群众的职业分布更加广泛，除工人、农民外，在新经

① 冯玉军：《当前宗教管理面临的形势与挑战》，《中国民族报》，2012年10月23日。

济组织和新社会组织中的非公有制经济人士、自由择业的知识分子当中，也有人陆续加入信教者队伍，宗教走进了更多的社会阶层。信教者结构的这些变化对于提升宗教信仰者综合素质是有益的；但是不同的群体和阶层，在宗教中发挥着不同的作用，扮演着不同的角色，有不同的政治诉求和利益诉求，差别和矛盾日益多样化、复杂化，如果不通过社会整合加以协调，各种冲突和摩擦在所难免。

（二）宗教格局正在发生改变

我国是一个多宗教国家，除道教是土生土长的之外，其他主要宗教都是历史上由国外引进或者传入的。近代以来，我国宗教逐渐形成了佛教、道教、伊斯兰教、天主教和基督教五大宗教共存、民间信仰和少数民族原始信仰大量存在的基本格局，并一直延续到现在。近年来，我国“五大宗教”的格局正在发生改变，进入多元发展时期。

1. 民间信仰的蔓延

民间信仰在我国有着几千年的传统根基，其表现形式从自然崇拜、偶像崇拜到鬼妖精灵等，可谓包罗万象。民间信仰在文革中成为消灭的对象，20 世纪 80 年代至 90 年代，由于宗教政策得到恢复，逐渐复兴并迅速蔓延。

2. 家庭教会的迅速发展

家庭教会是在三自教会以外，在非公开的场所进行宗教信仰活动的基督教团体，人数从几人、几百到几千不等。家庭教会不被政府承认，没有法律地位，但是无论是城市还是农村，基督教“家庭教会”的数量不断增加，已经不容忽视。基督教“家庭教会”处于“地下”的不公开状态，为政府的监管增加难度。

3. 新兴宗教的传入

世界上有很多国家都有新兴宗教，例如日本、美国等。改革开放后，一些国外宗教组织也借机向我国传播，发展壮大，以此扩大影响。除我国现存五大宗教外，其他一些传统宗教，如东正教、犹太教等，或者新兴宗教，如摩门教、巴哈伊教等也开始传入。宗教格局的改变必然对宗教管理工作提出新的挑战。尽管目前还没有对我国现有宗教格局形成重大冲击，但假以时日，其影响会日益显现出来。

这种情况的出现，不仅将逐步改变我国宗教原有区域分布格局，而且会给宗教之间的关系带来新的不确定因素。从长远看，一些地方的宗教生态会从相对单一向多元方向发展。如何防范宗教之间的摩擦甚至冲突，实现多元共存、和合共生，需要进行前瞻性研究。

（三）社会转型期不良风气对宗教界的影响

我国正处在从传统社会向现代社会转型过程中，现代化进程不仅不断改变着人们的物质生活方式，也不断改变着人们的精神生活方式。从现实来看，我国正处在向社会主义市场经济体制转型时期，社会生活各个方面的矛盾非常多，社会上一些混乱无序的现象也反映到了宗教领域。社会生活中某些官员贪污腐败问题，社会风气不正问题，政府部门官僚主义、形式主义以及缺乏民主生活等问题，就有可能对宗教界产生某些影响。

各种宗教都有寺庙教堂兴建攀比的不正之风，庙越建越大，殿越建越高，佛像越塑越滥，修建寺院经费越来越庞大，加重了广大信教群众的经济负担。在佛道教方面，一些寺观游离于佛协、道协之外自行其是，一些寺观内部管理混乱，滥传戒、滥收皈依弟子的

现象时有发生。一些寺庙随着经济实力的逐步增强，贪污腐化现象也时有发生。某些地区、某些宗教的寺庙发展失控、滥建寺庙、乱收僧尼、私办经文学校的现象突出；少数宗教教职人员干预基层行政、司法、国民教育的事情时有发生。在某些寺观，夸大开光时的祥云、奇迹等迷信宣传，从事抽签、算卦、看手相、看风水、看阴阳宅等迷信活动，不仅得不到禁止，反而被视为正当宗教活动的一部分。现实生活中，某些宗教团体教制不规范、教律松弛的现象屡有发生，有令不行，有禁不止，缺乏寺院严格有序的管理机制，缺乏有效的寺院管理监督机制，宗教团体内部不团结，尔虞我诈，闹无原则纠纷。这些都在很大程度上损害了宗教自身的形象。

除了宗教自身存在无序现象以外，近些年，一些非宗教单位也在利用宗教，搞所谓“宗教搭台、经济唱戏”，乱建、滥建寺庙、建露天大佛；举办大型庙会经济活动，并通过媒体宣传炒作；有的人借用宗教界人士名义开展经营活动；有的宗教界人士以结交官员、学者、名流自诩，附庸风雅，扩大自己的社会影响；有的厂家在企业内部修建宗教活动场所，扩大所信宗教的影响，等等。这种情况不仅干扰、损害了合法的宗教活动，而且导致宗教事务的管理处于混乱状态。它使非法建立的非宗教活动场所出现了一些违法行为，比如安置“僧道”人员，乱举行开光仪式、乱设功德箱、设香火、收取布施，借机敛财。更值得注意的是非法宗教既不受宗教事务部门的行政管理，又游离于宗教团体以外，致使封建迷信活动掺杂其中，甚至会裹挟邪教和反动会道门活动。此外，搞所谓“宗教搭台、经济唱戏”还为境外敌对势力利用宗教进行渗透提供了可乘之机。

特别是搞所谓中外合资建宗教景点、露天大佛，负面影响会更大。[①]

这些现象虽然只是发生在极少数人或者极个别人的身上，但严重侵蚀宗教的肌体，极大损害宗教的形象，也使得国家对宗教事务的传统管理方式和法律化努力遭遇挑战，对社会和谐稳定非常不利。

（四）宗教传播渠道和传播方式的多元化

随着我国社会信息化的到来，各种宗教的传播渠道和传播方式也发生了重大变化，呈现出多样化的趋势：各宗教团体、民间组织和个人通过出版报刊杂志、制作 VCD 光盘、利用互联网、夏令营、短训班、小子班或歌舞演出等方式直接面向社会宣教；一些高等院校开设宗教课程，邀请宗教界人士讲课，客观上起到了宣传宗教文化知识的作用；一些宗教的“自由传道人”公开到社会上传教，招收信徒，强行“拉羊”；境外一些教会团体组织利用各种手段，或者直接在我国传教，或者以赞助留学的名义将一些青少年送到境外学习宗教。

信息社会现代传媒的发达，特别是互联网作用的增强，为宗教的传播提供了便利条件。

宗教适时地与互联网技术结合在一起，完成了宗教传播方式的一次变革。网络传播还是一种互动性的传播方式，任何人都可参与其中。宗教传播方式的更新和多元化，打破了传统宗教活动在寺院、清真寺、教堂等宗教活动场所进行的地域限制，甚至使我们的国门大开，使宗教在更大范围内迅速传播，极有可能导致诸如信教人口迅速膨胀、强迫宗教信仰、宗教极端主义思想蔓延等不正常情况的

① 冯今源：《当代中国宗教现状纵横谈》，中国宗教学术网，2011 年 4 月 11 日。

发生，给依法管理宗教事务工作增加了新的难度。

到目前为止，在互联网上除了数量巨大的由宗教组织、个人创办的以宣教为主的宗教网站以外，宗教因素几乎已经渗透进了所有的信息技术应用形式之中，宗教博客，虚拟宗教社区，宗教聊天室，即时通讯群组，甚至是网上教堂。现实世界的宗教活动都可在网络的虚拟世界进行。特别是网络传教发展很快，用 Google、百度等搜索引擎可以检索出数以千万计的与宗教有关的网页，形成了一个庞大的网上宗教世界。[①] 根据中国互联网络信息中心 2013 年 1 月发布的数据显示，截至 2012 年 12 月底，我国网民规模达到 5.64 亿，互联网普及率 42.1%。这就是说，我国有近一半的人有机会在网上接触到宗教。发达的网络为一些不法分子进行不法活动提供了一个便捷的途径。网上宗教的发展已经成为宗教管理工作面临的一个新课题。

(五) 宗教工作中的国际因素更加突出

自 20 世纪 70 年代以来，传统宗教得到振兴，新兴宗教不断涌现。伴随经济全球化而来的，不仅是资金、项目和技术，还有文化、思想、观念和宗教信仰的大交流大碰撞。对外开放的扩大，为五大宗教之外的其他各种宗教以及新兴宗教、新兴教派在我国的产生、传入、传播与发展提供了机会和可能，我国五大宗教的传统格局面临着新的考验。

由于改革开放的深入，宗教涉外活动和涉外事务日益频密，我国宗教的国际化意识增强，这既有利于我国的民间外交和贸易往来，

① 赵冰：《中国宗教互联网状况简析》，《理论界》，2010 年第 4 期。

同时也为境外敌对势力利用宗教进行渗透活动、干涉中国内政甚至破坏祖国统一提供了机会。

随着我国对外开放的推进，我国各种爱国宗教团体与境外宗教界之间的友好交往、文化交流活动日益频繁，已经成为推动我国民间外交、正面宣传我国各项方针政策、树立我国良好国际形象、维护世界和平的一支积极力量。与此同时，对外开放越扩大，境外宗教对我国传教的力度也加大，特别是境外敌对势力利用宗教对我国的政治渗透更为加强。

境外敌对势力把宗教当作“西化”、“分化”我国的突破口，千方百计地利用宗教进行政治渗透，企图颠覆我国的社会制度。他们在我国周边地区设立广播电台进行空中传教；利用各种渠道向我国境内偷运宗教宣传品；利用来华旅游、探亲、经商、讲学等机会进行传教活动；在我国出国打工、留学人员中传教布道；直接、间接提供经费修建教堂寺庙；插手干涉我国宗教事务，培植地下势力，同我国爱国宗教组织争夺信教群众，对抗中国政府；支持宗教界极少数民族分裂主义分子搞分裂祖国、破坏民族团结的活动等等。境外敌对势力渗透的活动，主要表现在天主教、基督教和伊斯兰教、藏传佛教方面。

某些西方教会企图重新控制我国宗教，恢复旧有的隶属关系，干涉我国宗教团体的内部事务。国际人权领域的斗争日趋激烈，西方敌对势力利用国际人权组织会议在宗教问题上对我国人权状况大肆攻击。在新疆、西藏地区，他们极力扶植分裂主义势力，打着宗教旗号进行暴力恐怖与民族分裂等各种违法犯罪活动。这些活动虽然已经得到有效的控制，但是并没有彻底根绝，随时都有可能发生。这些犯罪活动严重地危害着我国法律的尊严，社会的安定，民族的

团结，祖国的统一；危害着我国人民的生命财产安全和改革开放的深入进行，同时也严重损害着各种宗教的声誉。凡此种种，使我国宗教在改革开放和国际政治斗争中的地位凸显出来，引起党和政府的高度重视。

（六）宗教方面矛盾的多元化、复杂化

宗教的复杂性告诉我们，宗教方面的很多矛盾纠纷本身就有偶然性、突发性的特点，在社会转型时期，市场经济的不确定性、不可预测性使宗教方面矛盾纠纷的偶然性、突发性进一步增大。诱发宗教方面矛盾纠纷的因素很多：刺激与伤害民族、宗教感情的出版物；宗教政策落实不到位而遗留的一些老大难问题；宗教活动场所的管理体制没有理顺；宗教相关法制不健全；贯彻执行法律、政策出现偏差或工作不到位；民族问题、教育问题、婚姻问题、社会不公问题等其他社会矛盾问题反映到宗教方面；宗教内部的教派纷争或争权夺利；宗教上层脱离群众，压制群众，引发信教群众的不满与反抗；一些别有用心的极端分子歪曲宗教真谛，散布歪理邪说，打着宗教旗号从事民族分裂活动、恐怖活动和各种刑事犯罪活动；境外敌对势力的渗透和破坏等等。宗教方面矛盾纠纷的频繁发生，是社会转型时期诱发的社会矛盾在宗教领域的反映。

宗教矛盾有很多，从宏观上讲，可以分为两种不同性质的矛盾，即人民内部矛盾和敌我矛盾。我国宗教方面的矛盾主要是人民内部矛盾，但在社会变革过程中，在复杂的国际背景下，对抗性矛盾与非对抗性矛盾相交织，国内宗教矛盾与国外宗教矛盾相交织，宗教自身矛盾与政治、经济、文化、民族等矛盾相交织，呈现出错综复杂的局面。

宗教人民内部矛盾主要表现为以下几个方面：

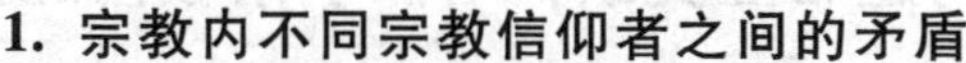

1. 宗教内不同宗教信仰者之间的矛盾

同一宗教信仰者之间共同的身份认同感，意味着对其他宗教信仰的排他感，这种排他感往往会造成不同宗教信仰者的矛盾。也可表现为同一宗教内部不同派别之间的矛盾。由于对宗教经典的不同理解，可能导致产生不同的教义，因而一个宗教内部会产生多个不同的派别。

2. 宗教信徒同不信教群众之间的矛盾

社会人口较大的流动性，大大增加了信教群众和不信教群众产生矛盾的机会。宗教生活方式与社会主义社会主流生活方式有着不一致的地方，信教群众与不信教群众因传统习俗、教义教规、生活禁忌等方面的差异，其矛盾就会在日常生活中表现出来。信教群众与不信教群众在信仰上存在差异，但与二者在政治经济上的根本利益的一致性相比，这是比较次要的差异。如果把这种差异看得过重，甚至不适当地进行夸大，就会造成群众之间的对立，把信教群众推到对立面上去。

3. 宗教组织同宗教管理部门之间的矛盾

如关于宗教活动场所管理方面的矛盾，涉及宗教房产的矛盾等。但这些矛盾都不掺杂政治性目的，仍然属于人民内部矛盾。宗教的敌我矛盾表现在境内外民族分裂势力、境外势力以及不法分子利用宗教进行渗透和破坏活动，扰乱人民的生活秩序，威胁社会的安全稳定。而且我国的宗教矛盾变得越来越复杂，往往是宗教自身矛盾与政治、经济、文化、民族等矛盾相交织，国内宗教矛盾与国外宗教矛盾相交织，呈现出错综复杂的局面。

（七）宗教问题与民族问题相互交织，增加了宗教问题的复杂性

中华民族数千年的历史，就是一部学术上百家争鸣、民族上交流融合、宗教上互渗互透的历史，是一部不同民族、不同文化、不同宗教信仰相互碰撞、融合，形成多元一体文化的历史过程。在中国，宗教问题对于少数民族有特殊的重要性；宗教不仅与一般的民族问题相联系，尤其与少数民族的民族问题相联系。在改革开放的条件下，各民族之间进一步扩大交流，不可避免地会出现利益、文化、宗教、风俗习惯方面的碰撞。某些宗教的民族性又出现强化的趋向。特别还要看到，一些民族宗教界中还有极少数敌视社会主义、破坏民族团结和祖国统一的人。他们以宗教教职人员的身份，打着维护民族利益的旗号，从事反动的政治活动，更增加了民族问题与宗教问题密切交织的程度。

（八）邪教、迷信活动以及伪科学真巫术现象干扰着合法宗教的发展

社会转轨时期引发的社会动荡，也促使历史的沉渣泛起。近些年，邪教、迷信活动的泛滥，伪科学真巫术也打起了宗教的旗号，严重干扰着合法宗教的发展。一些邪教组织，打着宗教旗号进行违法犯罪活动。邪教组织的为首分子或歪曲宗教教义，制造邪说，蒙骗群众，抗拒国家法律、法令的实施，煽动推翻政府；或利用迷信，装神弄鬼，致人死伤；或聚众淫乱，诈骗钱财，严重危害人民正常的生活和生产秩序。广大人民群众和宗教界人士对此深恶痛绝。为了维护公众利益和法律尊严，为了更好保护公民宗教信仰自由权利

和正常的宗教活动，中国司法机关对这类严重危害社会和公众利益的违法犯罪分子依法进行了惩处。但是，这类打着宗教旗号进行的违法犯罪活动并未灭绝，一遇到适当的土壤和条件还会卷土重来，我们必须保持高度警惕。

四　新形势下增强做好宗教工作的能力十分必要

世界在变化，形势在发展，宗教问题比以往任何时候都更加复杂，宗教工作比以往任何时候都更加重要，增强做好宗教工作的能力比以往任何时候都更加迫切。能否正确处理宗教问题，切实做好宗教工作，是衡量党的执政能力和领导水平的重要标志。各级领导班子和领导干部要保持清醒头脑，增强忧患意识，高度重视宗教工作，不断增强做好新形势下宗教工作的能力。

（一）从事宗教工作的各级干部的能力有待提高

冷战结束后，宗教问题重新抬头，出现了全球性宗教复兴势头，因宗教差异引发的地区冲突和社会动荡此起彼伏。一些西方国家以“宗教自由”为名，在多边领域挑起对抗，在双边关系中干涉别国内政。与此同时，宗教极端势力迅速崛起，暴力恐怖活动频繁发生，成为人类社会的重大威胁。面对西方价值观（包括宗教）的强力冲击，许多发展中国家通过振兴传统文化、扶持本土宗教进行抵御。宗教在国际政治和世界事务中的影响上升，各国政党、政府纷纷提出应对之策。

我国宗教领域总体上保持着稳定局面。但是，随着社会发生深刻变化，也出现了一些新情况新问题：信教人数持续增加，宗教呈

现发展势头，社会影响有所扩大；境外势力利用宗教对我国进行的渗透活动一直没有停止并有加剧之势；在一些少数民族地区，境内外民族分裂势力歪曲宗教教义，散布极端思想，发动恐怖袭击，制造暴力犯罪事件；一些人利用宗教从事非法违法活动，破坏宗教和谐，影响社会稳定；涉及宗教的利益矛盾凸显，围绕落实或者拆迁宗教房产引发的纠纷时有发生。总之，宗教领域矛盾更加复杂，宗教工作难度不断加大。

总的看，各级领导干部对宗教工作的重要性还是有足够的认识，也基本上能够按照宪法和各项法律、法规、政策正确认识宗教和处理各种宗教问题。这些年来，各级领导干部对宗教问题的重视程度和处理宗教问题的能力有了一定提高，但与形势的发展和宗教工作的要求还不相适应。随着社会的发展，时代的进步，各级干部调整力度很大，很多新干部对宗教以及对于马克思主义宗教观和国家的宗教政策缺乏相应的了解，有待于进一步学习和提高，从事宗教工作的各级干部的素质、知识和能力有待提高。

（二）部分干部对待和处理宗教问题存在误区

当前，受相当长时期以来极左思潮的影响，不懂马克思主义宗教观，不懂党的宗教信仰自由政策，不懂各种宗教基本知识，不能正确认识社会主义初级阶段的中国宗教等现象，在社会上还普遍存在。

在对待宗教问题上，党内一些同志和信教群众思想上长期存在两个“结”。干部有个“结”，认为我们执政了，是无神论者，为什么要让宗教信仰自由。宗教人士也有一个“结”，认为共产党不信宗教，怎么会让我们信仰宗教，对政策总是担心、怕变。我们要用共

产党对宗教的态度的基本观点，去解开这两个“结”，说明共产党确实不信教，而是在按照宗教自身的客观规律做好宗教工作，团结广大宗教界人士和信教群众，致力于全面建成小康社会的共同目标。共产党虽然不信教，但执行的是宗教信仰自由政策，这不是权宜之计，而是基本政策。同时，正如一些宗教界人士所说，正是由于共产党不信仰某一个宗教，所以他才能“一碗水端平”，平等地对待每一个宗教，从而有利于加强不同宗教之间的团结。[1]

长期以来，一些同志缺乏政治意识，在对待宗教问题上存在不正确的认识。例如，不认真学习和理解党关于宗教问题的理论和方针、政策，简单地把有神论和无神论的区别等同于政治上的对立，甚至把宗教界人士和信教群众视为异己力量，对宗教采取简单粗暴的态度。有些党政干部依然认为，“对共产党而言，宗教是一种无可奈何的存在”；“宗教信仰自由政策是一种消极的政策”；对于宗教界代表人物担任各级人大代表、政协委员或领导人，不仅不理解，而且对于让他们上主席台十分反感，始终持反对态度。有的地方负责同志竟然希望在教言教的宗教团体、宗教期刊像党的组织和党报党刊一样，“始终坚持马列主义、毛泽东思想、邓小平理论和‘三个代表’重要思想在意识形态领域的指导地位”，强调要对广大信教群众“进行辩证唯物主义和历史唯物主义的宣传教育”。还有一种是忽视宗教对社会的消极影响，放弃对宗教事务的管理和对宗教人士的教育引导，甚至热衷于搞“宗教搭台，经济唱戏”，客观上助长了宗教热，对境外利用宗教进行的渗透视而不见、丧失警惕。这两种思

① 朱晓明：《论“中国特色社会主义宗教观”——关于新时期宗教工作实践发展和理论创新的思考》，中国宗教学术网，2012年2月15日。

想认识和做法都不利于做好宗教工作，甚至可能导致严重的后果，必须坚决加以克服。

有的地方同志错误地将本地区一些人打着宗教旗号进行的恐怖活动、分裂活动及各种刑事犯罪活动归罪于改革开放，归罪于党的宗教政策；认为影响社会和谐与稳定的主要危险来自宗教领域；他们甚至发布错误的红头文件，制定违宪的“土政策”，严禁一切国家干部、教师、职工信仰宗教和参加宗教活动，侵犯宗教界以及信教群众合法权益，以政代教，粗暴干涉宗教团体内部事务，强力推行他们主观制定的一些“宗教改革”措施，甚至强行禁止信教群众留胡须、戴面纱，导致宗教界和广大信教群众的严重不满，也严重地危害着我国的良好国际形象，为国内外敌对势力提供诋毁我宗教政策的“子弹”与口实。凡此种种，都不利于宗教与社会主义社会相适应，不利于宗教在构建和谐社会方面发挥积极作用。①

相关工作人员因为不懂民族宗教问题导致在处理问题时引发冲突、造成不必要的矛盾，这些都是导致宗教冲突事件或教案的隐患。例如，有的把重视宗教工作停留在口头上、文件里，不抓具体落实；有的认识上有误区，要么放任不管，要么简单粗暴；有的对于宗教信仰自由政策还不能正确地理解，总是把宗教信仰与愚昧落后相联系；遇到有人利用宗教进行违法犯罪活动，容易把犯罪分子与被他们所利用的宗教等同起来，把宗教也视为政治异己力量；有的地方干部怕麻烦，对于宗教事务不敢管，不愿管，不会管的现象还相当程度地存在；也有的受利益驱动，利用行政手段干预宗教内部事务，与宗教界争利；有的不尊重信教群众的宗教信仰自由权利，侵犯宗

① 冯今源：《当代中国宗教现状纵横谈》，中国宗教学术网，2011 年 4 月 11 日。

教团体合法权益，引起宗教界人士的不满。这些问题严重制约了宗教工作，需要引起高度重视，认真解决。所以很有必要提高从事宗教工作的相关工作人员的思想认识。

凡此种种，都很难全面正确贯彻执行国家有关宗教信仰自由政策。在这方面，作为引导主体的政府宗教事务部门的工作人员责任重大，而各级党和政府负责同志马克思主义宗教观以及宗教政策素质的高低尤为关键。

第二章

牢固树立马克思主义宗教观

中国共产党是以马克思主义作为自己指导思想的工人阶级政党，我国是一个以马克思主义作为主导意识形态的社会主义国家。党和国家的性质决定各级党政领导干部、国家公务员以及广大共产党员等对宗教问题的认识都要以马克思主义宗教观为指导。

马克思主义宗教观是在辩证唯物主义和历史唯物主义的基础上形成的关于宗教问题的总的观点和看法，为我们观察和处理宗教问题提供了最为科学的世界观和方法论，也是我们做好宗教工作的理论基础。做好新形势下的宗教工作，首先要牢固树立马克思主义的宗教观，切实提高运用马克思主义的立场、观点和方法来处理宗教问题的能力和水平。

马克思主义宗教观是马克思主义者、共产党人的宗教观，具有鲜明的党性。对不是共产党员的人来说，他们是否愿意接受马克思主义宗教观，是他们自己的事，不能强求。在社会上，不同的宗教观应该互相尊重，求同存异。但是，在共产党内，必须用马克思主义宗教观统一对宗教问题的认识。每一位中共党员，不论党政干部、专家学

者，还是企业职工、个体工商户，都要坚持马克思主义宗教观，真学、真懂、真信、真用马克思主义宗教观。在我们这样的社会主义国家，马克思主义宗教观代表着科学认识宗教的方向，应该确立马克思主义宗教观的主导地位。

马克思主义宗教观是我们正确认识和妥善处理宗教问题、不断开创宗教工作新局面的根本指导思想。牢固树立马克思主义宗教观，这是做好宗教工作的重要前提。长期以来，我们党坚持把马克思主义宗教观与中国实际相结合，形成了一整套关于宗教问题的基本理论、基本观点和基本政策。各级领导班子和领导干部增强做好宗教工作的能力，首先必须牢固树立马克思主义宗教观，并将其贯彻到宗教工作的各个方面、各个环节中去。

一 全面认识马克思主义宗教观

宗教观，顾名思义就是人们对宗教和宗教问题的基本认识，以及在这种认识基础上表明的对宗教的态度和提出的解决宗教问题的办法。由于人们所属的民族、阶级、阶层不同，信仰不同，社会文化背景各异，科学教育素质有高下，认识宗教的世界观、方法、角度的区别，从而形成了各种各样的宗教观。

什么是马克思主义宗教观？马克思主义宗教观是以辩证唯物主义和历史唯物主义的世界观和方法论为指导的对宗教问题的基本看法和态度，是马克思主义关于宗教与宗教问题的基本观点及如何正确认识和处理宗教问题的纲领、理论与政策的总和。马克思主义宗教观是马克思主义的有机组成部分，是我党在领导人民群众争取社会主义胜利和建设社会主义的过程中，正确认识和处理宗教问题的

指南。

马克思主义宗教观是马克思、恩格斯在创立科学世界观和领导无产阶级从事社会主义革命的斗争过程中，运用辩证唯物主义和历史唯物主义对宗教问题进行科学研究，同时继承和发展了人类历史上各种无神论和宗教理论体系的优秀成果后创立的。

列宁则在领导工人阶级建立苏维埃政权以及进行社会主义建设的初步实践中，以自己的新贡献使马克思主义宗教观形成了一个完整的体系。

马克思主义宗教观从狭义的理解，主要是指马克思、恩格斯关于宗教的科学思想。广义的理解，则泛指作为一个不断发展过程的历史唯物主义宗教观，包括具有俄国特色的列宁主义宗教观，中国特色的马克思主义宗教观等。

以毛泽东为代表的中国共产党人在中国革命和建设过程中继续丰富和发展了马克思主义宗教观。因此，不能把马克思主义宗教观等同于马克思主义创始人的观点，凡是用马克思主义观点来观察和处理宗教问题的观点和态度，都应被视之为是马克思主义的宗教观。

在中国，就理论传承脉络而言，一般认为，马克思主义宗教观由马克思、恩格斯创立，为列宁所发展，又为中国共产党人进一步丰富。狭义的马克思主义宗教观指马克思、恩格斯（有时也包括列宁）等马克思主义经典作家创立的关于宗教和宗教问题的科学认识和处理原则，广义的马克思主义宗教观包括了对它的继承和发展。它在俄国的列宁阶段，表现为列宁主义，上承马克思、恩格斯，下启中国共产党人，具有重要的历史地位，有时我们也称之为马克思列宁主义宗教观；它在中国表现为中国化的马克思主义宗教观。

（一）马克思、恩格斯的宗教理论

马克思和恩格斯在19世纪中后期的自由资本主义时代，创立了马克思主义。他们不仅领导了工人阶级反对资产阶级的斗争，而且广泛研究了与社会主义密切相关的重大问题，其中包括宗教问题，创立了马克思主义宗教观，阐明了宗教与社会主义的关系。

青年马克思、恩格斯的理论活动和革命实践活动，首先是从宗教批判开始的，并从宗教批判转向社会批判，在哲学上由唯心主义逐步转向唯物主义，在宗教观上实现了从理性主义的启蒙无神论到历史唯物主义的转变，在政治上实现了由革命民主主义向共产主义的转变，在宗教问题上其主要功绩在于为工人阶级创立了包括马克思主义宗教观在内的科学世界观，为无产阶级革命提供了理论武器。

马克思和恩格斯是马克思主义宗教观的创立者。他们在19世纪的中后期，在创立科学世界观和指导工人阶级进行争取社会主义的斗争过程中，不可避免地要研究并破除当时居于思想领域主导地位的宗教神学的束缚，形成自己崭新的历史唯物主义宗教观，表明对宗教的基本态度，并进一步处理社会主义运动中的宗教问题。

历史唯物主义宗教观首先集中反映在马克思、恩格斯关于宗教的思想之中，同时也反映在他们同时代和以后赞同历史唯物主义并运用历史唯物主义去研究宗教的人们的思想之中。

马克思总结了青年黑格尔派和费尔巴哈关于人创造上帝和宗教的思想，在肯定和继承费尔巴哈宗教理论的同时，却又克服了费尔巴哈囿于世界观的局限而无法跨越的障碍，坚持历史唯物主义，科学地阐明了宗教的产生、发展和消亡的客观规律，最终创立了无产阶级崭新的宗教观——马克思主义宗教观。

马克思主义宗教观经历了一个萌芽、形成和发展、成熟的过程。1840年以后，马克思和恩格斯逐渐形成了朴素的革命民主主义和唯心主义无神论宗教观。1844年发表的《〈黑格尔法哲学批判〉导言》、《论犹太人问题》和《英国状况：评托马斯·卡莱尔的〈过去和现在〉》等著作，是马克思和恩格斯完成从唯心主义向唯物主义、从革命民主主义向共产主义转变的标志，也是马克思主义的历史唯物主义和科学社会主义宗教观形成的标志。1875年以后发表的《哥达纲领批判》、《反杜林论》、《路德维希·费尔巴哈和德国古典哲学的终结》等著作，是马克思主义宗教观发展成熟的标志。

马克思曾指出，历史唯物主义是他把宗教批判和政治批判结合起来，把哲学研究和经济学研究结合起来的成果，这一成果“一经得到就用于指导我的研究工作”①。恩格斯也曾经指出，历史唯物主义是关于现实的人及历史发展的科学。它和唯物辩证法一样，一经产生，就成为进一步深入研究宗教和其他学科的方法论指导，“成为我们最好的工具和最锐利的武器”②，考察马克思主义宗教观的形成史，我们不难发现，马克思主义宗教观是随着马克思、恩格斯世界观的转变和历史唯物主义的形成而创立起来的。

马克思和恩格斯运用辩证唯物主义和历史唯物主义科学揭示了宗教及其规律。他们认为，宗教宣扬的神灵观念都不过是人们对支配自己日常生活的外部力量通过幻想认识的结果；宗教的根源不是在天上，而是在人间，必须在人类现实生活的过程中寻找宗教产生存在的原因；宗教的演变归根结底要用人类社会生活的发展变化去

① 《马克思恩格斯选集》第4卷，人民出版社，1995年版，第32、243页。

② 同上。

说明；宗教最终要伴随人类自觉掌握自己命运时刻的到来而走向消亡，但这要经历一个漫长的曲折的过程；宗教的社会作用具有二重性，宗教具有麻醉人们精神的作用，在阶级社会，统治阶级总是利用宗教维护自己的统治，被统治者往往也利用宗教达到自己的政治经济目的。

关于无产阶级政党如何解决社会主义进程中的宗教问题，他们认为，科学社会主义与宗教在世界观上是对立的，二者不能调和；宗教本质上是精神现象，绝不能采取行政命令甚至暴力去对待宗教；要实行真正的宗教信仰自由，实行教会同国家分离，学校同教会分离；对宗教僧侣要进行阶级分析；在社会主义事业中，不能将宗教和无神论问题提到不适当的地位。

（二）马克思主义宗教观的基本特征

马克思主义宗教观的哲学基础是马克思主义哲学，即辩证唯物主义和历史唯物主义。马克思主义把辩证唯物主义思想贯穿到人类社会历史领域形成了历史唯物主义。哲学作为系统化的世界观，起码应包括自然观和历史观两方面。马克思主义以前的哲学只在自然观上达到了唯物主义，在历史观上全都是唯心主义的。可宗教是一种历史现象，观察宗教离不开历史观的指导。以往在社会历史领域中唯心主义一统天下。马克思把辩证唯物主义的自然观和辩证唯物主义的历史观统一起来，创立了历史唯物主义。因此，尽管马克思主义之前也有唯物主义哲学，却没有唯物主义宗教观。建立在彻底的唯物主义世界观基础上的宗教观，只有马克思主义宗教观。马克思主义宗教观的哲学基础是辩证唯物主义历史观，即唯物史观，这是它与其他一切宗教观的根本区别。

如果要问马克思主义宗教观的基本特征，首先就应该说它是历史唯物主义宗教观。这种历史唯物主义宗教观的最大特征，就是用社会历史和社会实践来说明宗教。“正像达尔文发现有机界的发展规律一样，马克思发现了人类历史的发展规律，即历来为繁芜丛杂的意识形态所掩盖着的一个简单事实：人们首先必须吃、喝、住、穿，然后才能从事政治、科学、艺术、宗教等等；所以，直接的物质的生活资料的生产，从而一个民族或一个时代的一定的经济发展阶段，便构成基础，人们的国家设施、法的观点、艺术以至宗教观念，就是从这个基础上发展起来的，因而，也必须由这个基础来解释，而不是像过去那样做得相反。”① 历史唯物主义认为，“每一个历史时代主要的经济生产方式和交换方式以及必然由此产生的社会结构，是该时代政治的和精神的历史所赖以确立的基础”②，因此，宗教的本质必须“到宗教的每一个发展阶段的现存物质世界中去寻找”③，这样，马克思恩格斯就在人类思想史上第一次科学地揭示了宗教的现实物质基础。宗教作为一种社会意识形式，它同其他社会意识一样，是社会存在的反映。具体说，“这种历史观就在于：从直接生活的物质生产出发阐述现实的生产过程，把同这种生产方式相联系的、它所产生的交往形式即各个不同阶段上的市民社会理解为整个历史的基础，从市民社会作为国家的活动描述市民社会，同时从市民社会出发阐明意识的所有不同的理论产物和形式，如宗教、哲学、道德，等等，而且追溯它们产生的过程。这样做当然就能够完整地描

① 《马克思恩格斯文集》第3卷，人民出版社，2009年版，第601页。
② 《马克思恩格斯选集》第1卷，人民出版社，1995年版，第257页。
③ 《马克思恩格斯全集》第3卷，人民出版社，1960年版，第170页。

述事物了（因而也能够描述事物的这些不同方面之间的相互作用）”①。正是这种历史唯物主义的科学世界观和方法论，使马克思主义宗教观与各种唯心主义宗教观从根本上区别开来。

马克思主义宗教观实质上就是历史唯物主义宗教观。宗教并不是像宗教神学所宣扬的那样是由客观上存在的超自然的力量，如神所创造和决定的；也不是像主观唯心主义者所说的是来自所谓人类先天就有的信仰宗教的本性。马克思主义宗教观同以往一切宗教观的本质区别，就在于它是建立在马克思、恩格斯所创立的辩证唯物主义和历史唯物主义这一迄今为止最为科学的世界观和方法论的基础上。

按照这一哲学的基本原理，宗教作为人类精神生活的一部分，作为社会的思想上层建筑的一部分，是人类社会生活过程在人们头脑中的曲折反映，归根到底依赖于人类的物质生活过程，为人类的社会生活过程即生产力和生产关系、经济基础和上层建筑的矛盾运动所决定。正是这种历史唯物主义的宗教观比以往任何一种宗教观都更科学地把握了宗教，从而实现了宗教观历史上的根本变革。

坚持马克思主义宗教观，必须坚持其历史唯物主义宗教观的基本特征，坚持用社会历史和社会实践来说明宗教而不是相反，坚持用唯物辩证法分析对待西方宗教学的各种流派和研究成果，取其符合客观实际的思想理论和知识精华，弃其违反实际、反映资产阶级意识形态的唯心主义、形而上学和有神论糟粕，不断丰富和发展马克思主义宗教观的科学理论和知识体系，而不应把马克思主义宗教观与西方宗教学知识完全对立或混同起来，更不能用后者冒充或代

① 《马克思恩格斯文集》第1卷，人民出版社，2009年版，第544页。

替前者。

（三）列宁的宗教观

19世纪末20世纪初，列宁在领导俄国革命和建立苏维埃政权的初期，根据俄国社会主义事业的需要，将马克思主义宗教观与俄国的宗教国情相结合，形成了俄国特色的马克思主义宗教观。列宁在领导俄国工人阶级争取社会主义革命的胜利，建立苏维埃政权以及进行社会主义革命和建设的初步实践中，以自己对宗教的研究和处理宗教问题的新贡献使马克思主义宗教观形成了一个较为完整的理论政策的体系。

列宁在领导俄国社会主义革命过程中进一步发展了马克思主义宗教观，其《社会主义和宗教》、《论工人政党对宗教的态度》、《论战斗唯物主义的意义》等著作，使马克思主义宗教观更加丰富和完善。最后，中国共产党在长期革命、建设和改革实践中，使马克思主义宗教观不断中国化和系统化，形成了中国特色社会主义宗教理论体系。

列宁强调认识宗教必须以马克思主义的历史唯物主义世界观和方法论，以及阶级分析的方法为指导；着重分析了阶级社会中宗教的根源主要是社会根源特别是阶级根源；指出宗教在阶级社会是剥削阶级维护自己统治的精神工具；宗教教职人员的上层是剥削阶级的一部分，教会组织是隶属于剥削阶级国家的机构。

关于工人阶级政党处理宗教问题的原则，列宁坚持马克思、恩格斯关于科学社会主义世界观与宗教世界观不能调和的观点；提出无产阶级政党处理宗教问题要服从社会主义事业的总任务的原则；发挥了恩格斯的思想，提出宗教对国家来说是私人的事情，对工人政党来说就不是私事的原则；在社会主义革命过程中，要消灭宗教剥削及特权；实行教会同国家分离，学校同教会分离和彻底的宗教信仰自由；要注意争取团结进步的宗教界人士；对宗教信仰绝不能采取暴力手段；同时还要坚持对党员对人民群众进行无神论教育。

马克思列宁主义宗教观虽然产生于当时特定的时代，特定的社会历史条件，有特定的国情背景和强烈的针对性，但上述基本原理是科学的，其基本精神为中国共产党的宗教观所继承。中国共产党的领导人，在领导中国革命和建设的过程中也十分重视宗教问题，努力将马克思主义宗教观同中国的宗教实际相结合，不仅基本成功地处理好了宗教问题，而且进一步丰富和发展了马克思主义宗教观。

二　科学对待马克思主义宗教观

由马克思、恩格斯创立，并由列宁使之成为一个体系的宗教观主要是阐述了关于宗教规律的一些基本原理，提供了一种新的科学认识宗教的方法，同时也成为工人阶级政党制定处理宗教问题的方针政策。他们主要不是把宗教作为学术性问题进行研究，其关于宗教的全部思想对科学认识宗教具有重要意义，但不能等同于科学的宗教学。他们的宗教观是其所处的社会历史条件和特定国情的产物，有着鲜明的针对性，而且主要着眼于争取社会主义革命的胜利，从意识形态，从社会政治的角度，以阶级、阶级斗争的观点和阶级分析的方法研究宗教和宗教问题，战斗性的批判色彩很浓。马克思、恩格斯、列宁当年都强调他们的学说仅仅是实践的指南，从来不是一成不变的教条。他们关于宗教的一些基本观点和基本政策至今仍有着科学的指导意义，但又不能把它们绝对化，不能认为在马克思、

恩格斯和列宁那里就穷尽了关于宗教的科学真理，更不能在当代的历史条件下，特别是在社会主义条件下生搬硬套他们当年关于宗教的一些具体论断。

马克思主义包括哲学、政治经济学和科学社会主义三个基本组成部分。马克思主义哲学的核心是唯物史观，马克思主义政治经济学的核心是剩余价值理论，唯物史观和剩余价值理论使社会主义从空想变成科学，也使马克思主义成为科学社会主义。列宁指出："马克思的观点极其彻底而严整，这是马克思的对手也承认的，这些观点总起来就构成作为世界各文明国家工人运动的理论和纲领的现代唯物主义和现代科学社会主义。"[①] 因此，如果说马克思主义宗教观的理论形态是与各种唯心主义宗教观相区别的历史唯物主义宗教观，那么它的实践形态就是与各种资产阶级宗教观和空想社会主义宗教观相区别的科学社会主义宗教观。

马克思主义宗教观的这个特征，决定了它不仅是科学的宗教理论体系，而且是无产阶级政党的意识形态和方针政策体系。恩格斯指出："马克思在他所研究的每一个领域，甚至在数学领域，都有独到的发现……他作为科学家就是这样。但是这在他身上远不是主要的。……因为马克思首先是一个革命家。他毕生的真正使命，就是以这种或那种方式参加推翻资本主义社会及其所建立的国家设施的事业，参加现代无产阶级的解放事业，正是他第一次使现代无产阶级意识到自身的地位和需要，意识到自身解放的条件。"[②] 这说明，马克思主义宗教观不仅是一种科学的宗教理论，而且是现代无产阶级的意识形态，

① 《列宁选集》第 3 版第 2 卷，第 418 页。

② 《马克思恩格斯选集》第 2 版第 3 卷，第 776－777 页。

是为无产阶级和全人类解放事业服务的专项方针政策体系。这种科学社会主义的宗教观，是马克思主义政党在领导无产阶级和劳苦大众推翻资本主义、建设社会主义、实现共产主义过程中，为了正确认识和处理各种宗教问题而形成的理论、方针和政策体系。

坚持马克思主义宗教观，就要坚持其科学社会主义宗教观的基本特征，坚持科学性与阶级性、理论性与实践性有机统一的原则，坚持马克思主义宗教观既有基本原理又有实际运用、既有基本理论又有具体政策的统一体系，反对把马克思主义宗教观视为只有抽象理论没有具体政策、只能空泛研究不能实际运用的倾向，反对离开国际共运和中国革命、建设、改革的实践抽象地研究马克思主义宗教观的倾向，反对不加分析、生吞活剥、全盘接受西方宗教学理论的倾向。

唯物史观认为，宗教无论作为社会意识还是社会实体都是上层建筑的组成部分。宗教作为社会意识，是社会生活在人头脑中虚幻歪曲的反映，它是由一定社会的社会存在（即一定社会的生产力发展状况，一定社会的生产方式）所决定的，随着生产方式的变化而变化的。马克思主义宗教观，运用辩证唯物主义和历史唯物主义的科学世界观和方法论，深刻揭示宗教的社会本质、社会根源和认识论根源，指出了宗教有神论的社会性、两重性和虚幻性，宗教存在的长期性和最终消亡的必然性，以及宗教问题的群众性及其与政治、经济、文化、民族诸因素相交织的特殊复杂性。因此，马克思主义宗教观比有神论的宗教观和唯心主义的无神论宗教观更科学地把握了宗教的本质，实现了宗教观历史上的变革。

马克思主义的宗教观是在马克思主义哲学的理论基础上建立起来的宗教理论，它的精神和主要内容，经受了历史实践的检验，至

今仍然是正确的，有生命力的。马克思主义世界观和宗教观可以为我们的宗教研究提供认识论和方法论的指导。但我们决不能把马克思主义的这个或那个理论当成现存的结论或永远不变的教条，更不能把马克思、恩格斯、列宁的个别论断当成证明的工具。彻底的辩证法不承认超时空的绝对物，当然也反对把马克思主义自身绝对化。马克思主义应该是一个开放的系统，既要敢于随时抛弃已被实践证明为错误的东西，更要不断探讨研究新的问题，吸取新的营养，使自身得到发展。中国共产党人正是把马克思主义的传统观点与时代精神相结合，把马克思主义宗教观的基本理论观点与中国宗教的具体实践相结合，在探索和发展的过程中，不断深化对社会主义时期宗教的特点、作用和规律的认识，提出了一系列符合中国国情的重要观点，丰富和发展了马克思主义宗教观。

以历史唯物主义为基础，保证了马克思主义宗教观的科学性。运用于科学社会主义事业，保证了马克思主义宗教观的实践性。这样，马克思主义宗教观就实现了科学性与阶级性、理论性与实践性的有机统一。马克思主义宗教观的科学性，要求我们把它当作真正的科学来对待，要求我们不断地研究它、丰富它、发展它，而不能把它当作教条或标签来乱套或乱贴。马克思主义宗教观的实践性，要求我们把它当作行动的指南和纲领来践行，要求我们不断地运用它、检验它、完善它，而不能把它当作象牙塔里的玄理和秘术来崇信和赏玩。科学性与实践性的有机统一，决定了马克思主义宗教观必然是一脉相承又与时俱进的科学体系。

从与时俱进的角度来看，马克思主义宗教观可以从狭义和广义两个方面加以理解。狭义的理解，即马克思主义宗教观主要是马克思、恩格斯关于宗教问题的思想，列宁主义宗教观则主要是列宁关

于宗教问题的思想，还有中国共产党人的宗教观等等。广义的理解则泛指作为一个不断发展过程的历史唯物主义宗教观。马克思主义宗教观作为共产党的宗教观包含着理论和政策两方面的内容。

坚持马克思主义宗教观，就要坚持其既一脉相承又与时俱进的理论品质，把它当作由马克思和恩格斯创立而为列宁和中国共产党人坚持继承并不断发展完善的统一体系，把中国特色社会主义宗教理论当作包括马克思、恩格斯、列宁和我们党关于宗教的一系列论述在内的统一的科学体系，反对把马克思主义宗教观与列宁主义宗教观、马克思列宁主义宗教观与中国共产党的宗教观，以及把马克思列宁主义毛泽东思想的宗教理论与中国特色社会主义宗教理论割裂开来甚至对立起来的倾向。

三 马克思主义宗教观的基本内容

马克思主义宗教观就是历史唯物主义宗教观，它是马克思、恩格斯以历史唯物主义为理论基础而建构起来的关于宗教的本质、根源、社会功能、发展规律等重大问题的基本观点，是马克思主义学说的重要组成部分。

马克思主义宗教观同以往一切宗教观的本质区别在于它是建立在马克思、恩格斯创立的辩证唯物主义和历史唯物主义的科学世界观和方法论的基础上。马克思主义宗教观是以辩证唯物主义和历史唯物主义的世界观和方法论为指导的对宗教的基本看法和态度，是工人阶级政党关于宗教、宗教问题以及如何正确认识和处理宗教问题的理论与方针政策的总和。

马克思主义宗教观的基本观点，概括起来主要包括宗教的本质、

宗教的产生和发展、宗教产生和存在的根源及其消亡条件、宗教的社会作用，以及马克思主义政党对待宗教的基本态度和原则等。这些基本观点，集中体现了马克思主义在宗教问题上的立场、观点、方法，是它的精髓。

由马克思、恩格斯和列宁创立和使之体系化的马克思列宁主义宗教观主要包含关于宗教的基本理论和如何正确解决宗教问题的基本原则和政策两部分。其中马克思主义宗教观的基本理论问题涉及到宗教的本质、根源、社会作用和如何产生、发展直至最后消亡的客观规律问题，分析了宗教的社会作用，论述了宗教与社会生活各方面的关系。

（一）宗教的本质

宗教的本质是对支配人们日常生活的外部力量幻想的反映，一切宗教宣扬的万能的神灵和某些神秘的境界本质上是人们的头脑对支配自己命运的自然力量和社会力量的虚幻的反映，“一切宗教都不过是支配着人们日常生活的外部力量在人们头脑中的幻想的反映，在这种反映中，人间的力量采取了超人间的力量的形式。”（恩格斯《反杜林论》）

宗教作为一种意识形态，是对社会存在的反映，这种反映采取了幻想的方式。宗教以超自然、超人间力量的形式反映支配着人们日常生活的外部力量，并把这种力量神圣化，使之成为主宰人们日常生活的支配力量，这是宗教之所以为宗教的根本，是一切宗教的基本特征和本质规定。宗教作为远离经济基础的意识形态，相对独立性较大，经济基础对它的决定性作用以及它对社会生活的影响，往往同政治、法律、道德等因素相交织，使宗教问题的复杂性突现。

（二）宗教的产生和发展

宗教的产生、存在和发展的最深刻根源是社会根源。马克思主义主张在社会历史中探寻宗教的起源，认为宗教是在原始时代从人们关于他们自身的自然和周围的外部自然的原始观念中产生的。在原始时代，人们还完全不知道自己身体的构造，并且受梦中景象的影响，于是就产生一种观念：他们的思维和感觉不是他们身体的活动，而是一种独特的、寓于这个身体之中而在人死亡时就离开身体的灵魂的活动。由于十分相似的原因，通过自然力的人格化，产生了最初的神。宗教就是在原始人关于灵魂和神等原始观念的基础上产生的。

宗教的发展变化，归根结底依赖于社会的发展变化。马克思主义认为，宗教的发展由社会发展所决定，宗教的发展规律取决于社会历史形态的发展演变，认为宗教在历史上经历了从“部落宗教”到“民族宗教”再到“世界宗教”的发展过程。

（三）宗教存在的根源和消亡

宗教的消亡是一个长期的痛苦的历史过程。马克思主义认为，与其他任何社会历史现象一样，宗教也有其产生、发展和消亡的规律。宗教的存在有其自然根源、社会根源和认识根源，即自然异己力量和社会异己力量对人们日常生活的支配以及人们对这种支配力量的不理解。所以宗教是否消亡，不取决于宗教自身，不以人的意志为转移。阶级产生以后，支配人们日常生活的异己力量主要来源于阶级剥削和阶级压迫，来源于人与人之间及人与自然之间的关系不明白和不合理、社会物质生活资料的不充分、社会未能实现有计

划地使用生产资料等。因此，当阶级、国家消亡之后，宗教仍然有可能继续存在。马克思主义主张让宗教自然消亡，反对用行政手段人为地消灭宗教，认为随着宗教存在根源的消失，宗教将会自然消亡，但这将是一个极其漫长的自然历史过程。

（四）宗教的社会作用

宗教的社会历史作用具有二重性，在阶级社会，宗教的社会作用主要表现在它为剥削阶级所利用，成为其麻醉人们精神的工具，但在一定历史条件下也能起到积极作用。

马克思主义认为，宗教的社会作用具有两重性，既有积极的一面，也有消极的一面。由于当时所处的社会环境、宗教状况和政治使命等原因，马克思、恩格斯和列宁对宗教的社会作用的论述主要集中在政治领域，尤其对宗教为当时的统治阶级服务时所起的消极作用进行了深刻分析和批判，认为在阶级社会，宗教为统治阶级利用和控制，是统治阶级用来维护其统治秩序的工具，对于被压迫人民而言，宗教具有精神麻醉作用。同时，他们对宗教在德国农民战争、早期资产阶级革命等一些反封建斗争中所起的积极作用也给予了一定程度的肯定。

马克思、恩格斯提出了马克思主义政党对待宗教的基本态度和原则，列宁在新的实践中加以坚持和发展。这些基本态度和原则主要包括：公民有信仰宗教和不信仰宗教的自由；信仰宗教和不信仰宗教的公民享有平等权利；国家实行政教分离、教育与宗教分离；各宗教在法律面前一律平等。

马克思主义宗教观解决宗教问题的基本原则主要是：宗教与科学社会主义在世界观上是对立的，不能让宗教思想影响、侵蚀工人

阶级政党的肌体；用行政命令乃至暴力手段禁止、消灭宗教的“左”的做法是一种愚蠢的行为；处理好宗教问题要服从争取社会主义斗争的总任务；工人阶级掌握政权后国家要彻底实现政教分离和宗教信仰自由；要坚持对共产党员和人民群众进行科学无神论的宣传教育；无产阶级革命斗争的总任务。

马克思主义宗教观还主张，处理宗教问题要服从并服务于党在一定时期的中心工作，要团结和争取信教群众，不要因信仰上的不同而把信教群众推到对立面；就国家而言，宗教是私人的事情，而对马克思主义政党来说，宗教不是私人的事情，党要坚持对工人群众进行无神论宣传教育，帮助他们树立科学的世界观，防止宗教对党员思想的侵蚀，开展无神论宣传要注意方式方法，不能伤害宗教感情。

马克思主义宗教观的上述基本观点，是中国特色社会主义宗教理论的理论基础。坚持马克思主义宗教观，关键是要坚持其所体现的马克思主义立场、观点、方法，深刻把握其基本原理，不能拘泥于个别字句或具体论断。要充分理解马克思主义宗教理论的实践特性和开放特性，着眼于妥善处理改革开放和社会主义现代化建设中的宗教问题，善于总结提炼宗教工作实践的成功经验，解放思想，求真务实，开拓创新，不断推进马克思主义宗教观的中国化、时代化和大众化。

第三章

全面理解马克思主义宗教观的中国化

马克思主义宗教观是以历史唯物主义为指导的科学宗教观，它强调宗教作为社会意识，作为一种社会思想上层建筑，是人类的社会生活过程在人们头脑中的曲折反映，归根到底由人类社会的生产力和生产关系、经济基础和上层建筑的矛盾运动决定的，这对我国的宗教工作具有普遍而广泛的指导意义。

马克思主义宗教观的中国化，主要是指中国共产党在认识和处理宗教问题的实践过程中，把马克思主义宗教观的基本原理应用于中国革命和建设中的宗教问题的实际，使二者正确结合，走出了一条具有中国特色的解决宗教问题的道路的过程，是中国共产党解决宗教问题的经验不断积累的过程，是在宗教基本理论政策上逐步系统化的过程，是坚持和不断丰富、发展马克思主义宗教观的过程。在马克思主义宗教观中国化的过程中，学术界也作出了应有的贡献。

马克思主义宗教观的中国化既是马克思主义宗教观自身的科学性所决定的，同时也是中国解决宗教问题的实际需要所决定的。

马克思主义宗教观的中国化经历了一个逐步发展、逐步深化的

历史过程，在积极推进马克思主义宗教观中国化和不断生成中国化马克思主义宗教观理论的过程中，总体上形成了一个完整的中国化马克思主义宗教观理论体系。

一　马克思主义宗教观的中国化历程

马克思主义宗教观中国化的源头是马克思主义宗教观。马克思、恩格斯在19世纪中后期的自由资本主义时代，创立了马克思主义，将空想社会主义转变为科学，为无产阶级政党领导工人阶级争取社会主义的斗争提供了科学的思想武器。他们在欧洲的社会主义运动中，不仅领导了工人阶级反对资产阶级的斗争，而且广泛研究了与社会主义密切相关的重大问题，其中包括宗教问题，创立了马克思主义宗教观，阐明了宗教问题与社会主义的关系。19世纪末20世纪初，列宁在领导俄国革命和建立苏维埃政权的初期，根据俄国社会主义事业的需要，将马克思主义宗教观与俄国的宗教国情相结合，在处理俄国革命中的宗教问题过程中继承、丰富和发展了马克思主义宗教观。

俄国十月革命胜利以后，马克思主义宗教观也伴随马克思主义传入中国。中国的宗教国情不同于马克思、恩格斯所处的德国，也不同于列宁所处的俄国，因此对马克思列宁主义宗教观就不能教条式的照搬，必须与中国宗教国情正确结合。在新民主主义革命时期，毛泽东首先进行了这种结合的工作，就处理好宗教问题提出了不少观点：如对群众反神权和鬼神迷信的斗争要加以引导，要服从反封建的政治斗争和经济斗争；对宗教徒要作具体的阶级分析；要保障民众宗教信仰自由；共产党人可以而且应当同宗教界建立政治上的

统一战线；要保护宗教文化；指出帝国主义利用宗教作为他们侵略中国的工具，等等。这可以说是马克思主义宗教观中国化初始阶段的成果。

新中国成立后，中国共产党执政，开始了在中国建设社会主义的进程。如何正确认识和处理社会主义条件下的宗教问题，成为党和国家宗教工作的全新的课题。马克思主义宗教观中国化进程进入了新阶段。时至今日，马克思主义宗教观的中国化历程大体上可以分为3个阶段：第一阶段是20世纪初至1949年新中国成立，这一时期是社会革命时期，国难当头，以救亡图存、夺取政权为目标；第二阶段是新中国成立初期至改革开放，这一时期可以称作社会革命向社会建设的过渡时期，虽已夺取政权，但围绕政权仍不时有激烈的阶级斗争；第三阶段是改革开放至今，真正进入社会主义建设时期。

以马克思主义为指导，中国共产党丰富和发展了马克思主义宗教观。1982年中共中央印发的《关于我国社会主义时期宗教问题的基本观点和基本政策》，阐述了中国共产党人关于宗教问题的基本观点和基本政策，为新时期宗教工作的健康发展奠定了基础、指明了方向。它把马克思主义宗教观提高到了一个新水平，开启了中国特色社会主义宗教理论的新阶段。

（一）建党前后和新民主主义革命时期

“五四”运动前后及中国共产党建党初期马克思主义在中国传播过程中，陈独秀、李大钊、恽代英等人探索了宗教的本质、起源、根源、社会作用、演变规律、发展前景以及对待宗教和宗教信仰的态度问题，在一定程度上体现出马克思主义宗教观的精神。

新文化运动初期，李大钊和陈独秀就用近代唯物主义批判儒教。十月革命胜利后，他们相继接受了马克思主义，进一步用唯物史观分析宗教。陈独秀指出：宗教是“经济的基础上面之建筑物”，“属于依他的信仰，以神意为最高命令”①。李大钊指出：“宗教的信仰就是神的绝对的体认”②，“是人类的精神把地上的实物写映于天上”的结果③，“是不平等关系的表现”④。“宗教是一个无知的隐遁地方……人类对于自然界或人间现象不能理解的地方，便归之于神。”⑤因此，“一切宗教没有不受生产技术进步的左右的，没有不随着它变迁的。”⑥ 随着人类认识和实践的能力不断提高，“自然现象、人类社会都会脱去神秘的暗云，赤裸裸的立在科学知识之上”，宗教将逐渐消亡，因为“太阳出来了，没有打着灯笼走路的人了。”⑦ 不过，“犹太教、儒教、回教、佛教、耶教等五大宗教的教义，曾于人类进步以很深的影响，亦是不争的事实。”⑧ 这些论述，初步体现了马克思主义在宗教问题上的基本立场、观点和方法，成为马克思主义宗教观中国化的理论起点。

从总体上看，他们的宗教观基本上在世界观领域展开，还具有较强的学理色彩，尚未自觉地将对宗教的认识和对宗教问题的解决与中国革命紧密联系起来。但可以说揭开了马克思主义宗教观中国化的序幕。

---

① 《陈独秀文章选编》，生活·读书·新知三联书店，1984年版，第377页，第192页。
② 《李大钊全集》第4卷，人民出版社，2006年版，第81页。
③ 《李大钊全集》第3卷，人民出版社，2006年版，第107页。
④ 《李大钊全集》第4卷，人民出版社，2006年版，第82－83页。
⑤ 《李大钊全集》第3卷，人民出版社，2006年版，第102页。
⑥ 《李大钊全集》第3卷，人民出版社，2006年版，第105页。
⑦ 《李大钊全集》第3卷，人民出版社，2006年版，第109页。
⑧ 《李大钊全集》第3卷，人民出版社，2006年版，第218页。

在中国共产党人中，开始将对宗教的马克思主义认识及对宗教问题的解决同新民主主义革命紧密联系起来的，始于毛泽东。毛泽东在确立马克思主义世界观过程中表明了自己的马克思主义宗教观，如在大革命时期提出对群众反神权和鬼神迷信的斗争要加以引导，要服从反封建的政治斗争和经济斗争；在土地革命时期提出对宗教徒要作具体的阶级分析，保证民众宗教信仰自由，红军长征时期提出特别要尊重少数民族宗教信仰；抗日战争时期提出共产党人可以而且应当同宗教界建立政治上的统一战线。

1931 年 11 月颁布的《中华苏维埃共和国宪法大纲》规定："中国苏维埃政权以保证工农劳苦民众有真正的信教自由的实际为目的，绝对实行政教分离的原则，一切宗教不能得到苏维埃国家的任何保护和供给费用，一切苏维埃公民有反宗教的宣传之自由，帝国主义的教会只有在服从苏维埃法律时，才能许其存在。"① 这一规定既参考了苏联宪法的相应条款，又结合了中国的实际，实现了马克思主义宗教观与中国实际的实践结合，为我们党在新民主主义革命时期的宗教政策奠定了基础。

抗日战争时期，马克思主义基本原理与中国革命实际深入结合，形成了指导新民主主义革命走向胜利的毛泽东思想。毛泽东、周恩来、李达及中央文件和文稿对宗教问题作了深入研究和阐述，逐步形成了中国共产党关于正确认识和处理宗教问题的完整理论，使马克思主义宗教观具有了鲜明的中国特色。1942 年 2 月 15 日，《新华日报》发表题为《共产党对宗教的态度》的社论指出：共产党人对于共产主义的信仰，是基于唯物主义的认识，基于科学的客观真理。

① 《中共中央文献选编》第 7 册，中央党校出版社，1991 年版，第 775 页。

共产党人主张教会同国家分离，主张国家不偏袒任何宗教，但绝不强迫别人遵从自己的信仰，这犹之别人不应强迫共产党人遵从他们的信仰一样，因为这是每一个人的意识和世界观的问题。各人有各人的宗教信仰自由，每个人有举行自己所奉行的这一种或那一种宗教仪式的自由，同时，每个人也有不属于任何宗教团体而保持自己不信仰宗教的自由。因此，陕甘宁边区施政纲领中，明文规定保证一切抗日人民之信仰自由权，尊重蒙、回民族的宗教信仰与风俗习惯；在尊重中国主权与遵守政府法令原则下，允许任何外国人到边区游历，参加抗日工作，或在边区进行实业文化与宗教活动。

解放战争时期，东北各省市民主政府共同施政纲领规定：保障人民的宗教信仰自由，尊重蒙、回各民族的宗教信仰和风俗习惯[①]。晋察冀边区施政纲领规定：各界人民均有信教自由，边区内蒙、回、藏少数民族一律平等，尊重其宗教信仰[②]。内蒙古自治政府施政纲领规定：自治政府确保人民享有宗教信仰自由，喇嘛的人权、财权受自治政府保障[③]。建国前夕，具有临时宪法性质的中国人民政治协商会议共同纲领规定：中华人民共和国人民有宗教信仰自由，各少数民族有保持或改革其风俗习惯及宗教信仰的自由[④]。这一规定使党的宗教信仰自由政策成为国家意志，为新中国的宗教政策奠定了基础。

（二）新中国成立至“文化大革命”结束时期

新中国成立后，我国进入社会主义革命和建设的新时期。党对

---

① 《中国新民主主义革命时期根据地法制文献选编》第 1 卷，中国社会科学出版社，1981 年版，第 68 页。

② 《中国新民主主义革命时期根据地法制文献选编》第 1 卷，中国社会科学出版社，1981 年版，第 62 - 63 页。

③ 同上。

④ 《中共党史参考资料》第 7 册，人民出版社，1980 年版，第 18 页。

宗教问题做了新的探索，使马克思主义宗教观基本原理与中国实际实现新的结合，进一步丰富和发展了马克思主义宗教观，推进了马克思主义宗教观中国化。

建国初期，在总结宗教工作经验，纠正错误的过程中，党中央提出了我国宗教国情具有长期性、群众性、民族性、国际性、复杂性的“宗教五性论”，奠定了新中国处理宗教问题的现实出发点。

从新中国成立到60年代初期，我们党坚持用马克思主义宗教观的基本原理分析宗教问题，逐步形成了宗教具有长期性、群众性、民族性、国际性、复杂性和双重作用等基本观点，这是我们党在全国执政以后推进马克思主义宗教观中国化的重大成果。中共中央认为，由于民主革命和社会主义改造的胜利，特别是由于宗教制度民主改革的胜利，宗教矛盾的阶级背景已经起了根本性的变化，从既是人民内部矛盾又是敌我矛盾，转化为基本上是人民内部的矛盾。“宗教界的大多数是爱国的，并且政治上大有进步。宗教界同社会主义的矛盾，除了反革命分子以外，是人民内部的问题，属于人民内部性质的矛盾。对宗教界应当按照处理人民内部矛盾的原则来处理同他们的关系。确实属于敌我性质的，才按照敌我矛盾处理。”①

新中国成立后到1956年建立社会主义制度以后一段时期，党和国家高度重视宗教问题。在认识和处理宗教问题的过程中，没有一般地重复马克思、恩格斯、列宁的有关论述，也没有简单照搬苏联的做法，而是继续走中国特色的道路。

在如何进一步处理好宗教问题方面，毛泽东提出：对于宗教家，

① 李维汉：《统一战线问题与民族问题》，人民出版社，1982年版，第645－646页。

必须在反帝反封建的基础上将他们团结起来[①]。周恩来指出：我们只把宗教信仰肯定为人民内部的思想信仰问题，而不涉及政治问题。不管是无神论者还是有神论者，大家一样可以拥护社会主义制度。不信仰宗教的人和信仰宗教的人可以合作，信仰不同宗教的人也可以合作，这对我们民族大家庭的团结互助合作是有利的。我们要造成这样一种习惯：不信教的尊重信教的，信教的尊重不信教的，大家和睦共处，团结一致[②]。李维汉强调：统一战线是按政治划分的，有神论和无神论是世界观问题，只要政治一致，就可以而且应当团结起来，共同奋斗。只有这样，才符合整个革命斗争的利益，包括宗教界一切爱国人士的利益在内[③]。

马克思主义宗教观中国化进程在1957至1976年期间，由于受到党和国家在全局问题上“左”倾错误的影响，走入歧路并且中断。只是到了1978年党的十一届三中全会召开，才开启了中国社会主义进程的新阶段——恢复和发展了马列主义、毛泽东思想的科学体系，开创中国特色社会主义道路的阶段。在这一伟大进程中，也恢复、继承和发展了马列主义、毛泽东思想的宗教理论，真正开创了中国特色的解决社会主义时期宗教问题的道路，马克思主义宗教观中国化的进程重新恢复并逐步进入成熟时期。

十一届三中全会以后，我们党在拨乱反正的基础上，坚持把马克思主义宗教观的基本原理与改革开放的实践和新的时代特征相结合，进一步推动马克思主义宗教观中国化，开拓了马克思主义宗教观中国化的新境界。党的十一届六中全会通过的《中共中央关于建

① 《建国以来重要文献选编》第2册，中央文献出版社，1992年版，第42页。
② 《周恩来统一战线文选》，人民出版社，1984年版。
③ 《统一战线与民族问题》，人民出版社，1982年版。

国以来党的若干历史问题的决议》指出，要继续贯彻执行宗教信仰自由的政策；坚持四项基本原则并不要求宗教信徒放弃他们的宗教信仰，只是要求他们不得进行反对马列主义、毛泽东思想的宣传，要求宗教不得干预政治和干预教育。

（三）改革开放以来建设中国特色社会主义时期

“文革”后的拨乱反正时期，邓小平对宗教问题和党的宗教工作高度重视，发表了关于宗教问题的重要思想。中共中央全面总结了新中国成立以来党在宗教方面理论和实践正反两方面的历史经验，于 1982 年 3 月 31 日印发了《关于我国社会主义时期宗教问题的基本观点和基本政策》（即著名的中发［1982］19 号文件），实现了宗教工作指导思想的拨乱反正，成功开创了中国特色社会主义宗教理论。

19 号文件长达 12000 余字，共 12 个部分，其内容之丰富、体系之完整、论述之精辟，在我党宗教工作的历史上绝无仅有。第一部分，通过揭示宗教的本质、根源、社会作用及其产生、发展、消亡的规律，阐述了社会主义条件下宗教存在的长期性。第二部分，通过分析我国宗教的历史和现状，阐述了宗教问题的群众性和复杂性。第三部分，回顾总结了新中国宗教工作的历史，阐明了新时期宗教工作的基本任务和指导思想。第四部分，全面系统地阐述了党的宗教信仰自由政策。第五至十一部分，依次从争取、团结和教育宗教界人士，合理安排宗教活动场所，充分发挥爱国宗教组织的作用，培养年轻一代爱国宗教职业人员，共产党员不得信仰宗教、不得参加宗教活动，打击一切在宗教外衣掩盖下的违法犯罪活动和反革命破坏活动以及各种不属于宗教范围的、危害国家利益和人民生命财

产的迷信活动，开展宗教方面的对外友好往来、抵制外国宗教中的一切敌对势力的渗透等7个方面，全面阐述了党在整个社会主义历史时期贯彻落实马克思主义政党的宗教信仰自由政策的基本任务和原则要求。第十二部分，阐述了加强党对宗教工作的领导的基本要求，包括宗教工作的性质和内容、党政相关部门的职责和配合、健全和加强政府主管宗教事务的机构、宗教工作干部的理论学习和工作方法、开展马克思主义的宗教学研究和教学、开展科学无神论宣传和教育，以及社会主义条件下解决宗教问题的根本途径等。

中央19号文件的印发，标志着邓小平宗教理论的诞生。19号文件系统总结了建国以来党在宗教问题上正反两个方面的历史经验，在党的历史上第一次全面集中地阐述了党对宗教问题的基本观点和基本政策，实现了宗教工作指导思想的拨乱反正，丰富和发展了马克思列宁主义、毛泽东思想关于宗教问题的科学理论，形成了邓小平理论的宗教观，为中国特色社会主义宗教理论奠定了基础。中央19号文件的印发标志着中国共产党的宗教观重新恢复到马克思主义的轨道，并提出了一些创新的观点。

1982年12月4日，中华人民共和国第五届全国人民代表大会第五次会议通过《中华人民共和国宪法》，以根本大法的形式把党对宗教的基本政策转化为国家意志。该宪法第三十六条规定：“中华人民共和国公民有宗教信仰自由。任何国家机关、社会团体和个人不得强制公民信仰宗教或者不信仰宗教，不得歧视信仰宗教的公民和不信仰宗教的公民。国家保护正常的宗教活动。任何人不得利用宗教进行破坏社会秩序、损害公民身体健康、妨碍国家教育制度的活动。宗教团体和宗教事务不受外国势力的支配。”第二十四条规定：“国家通过普及理想教育、道德教育、文化教育、纪律和法制教育，通

过在城乡不同范围的群众中制定和执行各种守则、公约，加强社会主义精神文明建设。国家提倡爱祖国、爱人民、爱劳动、爱科学、爱社会主义的公德，在人民中进行爱国主义、集体主义、共产主义教育，进行辩证唯物主义和历史唯物主义的教育，反对资本主义的、封建主义的和其他的腐朽思想。”

十三届四中全会以后，在宗教工作方面，中共中央、国务院先后下发了［1991］6号和［2002］3号等重要文件，江泽民还发表《一定要做好宗教工作》和《论宗教问题》等重要讲话，明确提出了坚持和发展马克思主义宗教观的要求，提出放眼世界，着眼于党和国家的全局深刻认识宗教问题的重要性；指出社会主义时期宗教问题的基本特点是长期性、群众性和特殊的复杂性；强调要高度重视宗教问题和民族问题的密切联系；认为社会主义时期宗教社会作用有积极和消极的二重性；告诫全党要高度警惕境外利用宗教对我的渗透；正式提出积极引导宗教与社会主义社会相适应的重大命题；继续强调巩固党同宗教界的爱国统一战线，加强党对宗教工作的领导，提高党政干部处理宗教问题的执政能力。李瑞环关于宗教的基本观点：即着眼于国家的全局，从巩固和发展爱国统一战线高度，正确评价了新中国的各种宗教都为国家的繁荣做出了自己的贡献；希望各宗教要结合时代特点和历史使命，在中国特色社会主义事业中，找准位置，发挥特有作用；指出宗教优秀文化是中国传统文化、优秀文化的组成部分；重申党的宗教信仰自由政策是一项长期政策，而绝不是虚伪之辞、权宜之计；总结出正确处理宗教问题的“维护人民利益，维护法律尊严，维护民族团结，维护祖国统一”原则。

这期间，党中央已经适时对于中国特色社会主义时期的宗教理论和工作基本方针进行简明的理论概括。第一次是1994年7月4日

李瑞环同“新形势下民族、宗教问题研讨班”学员座谈中，首次从八个方面进行了概括。在2001年的中央工作会议上，李瑞环又进一步对于党的宗教观的要点，从八个方面扩展为十个方面，这是第二次的归纳和概括：宗教有其发生、发展和消亡的过程，在社会主义社会中将长期存在，我们不能用行政力量去消灭宗教，也不能用行政力量去发展宗教。宗教信仰自由受宪法保护，公民有信仰宗教的自由，也有不信仰宗教的自由。要宣传无神论，但不能把有神论和无神论的区别等同于政治上的对立，要坚持政治上的团结合作、信仰上互相尊重。国家依法对宗教事务进行管理，保护正常的宗教活动和宗教界的合法权益，制止和打击利用宗教进行违法犯罪活动。我国宗教方面的矛盾主要是人民内部矛盾，但在一定条件和一定情况下也可能出现对抗性的问题，要严格区别、妥善处理两类不同性质的矛盾。坚持独立自主、自办教会的原则，抵御境外敌对势力利用宗教进行渗透，不允许任何境外宗教团体和个人干预我国宗教事务。爱国宗教团体是党和政府联系群众的桥梁，要充分发挥其作用。有计划、有组织地培养爱国宗教教职人员队伍。积极引导宗教与社会主义社会相适应。所有宗教团体和宗教界人士都必须维护法律尊严，维护人民利益，维护民族团结，维护国家统一。上述情况说明，中国化马克思主义宗教观逐步系统成熟。

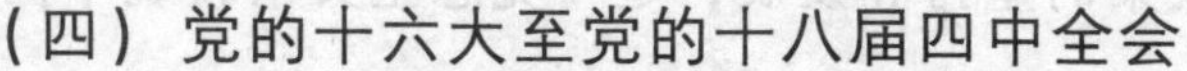

（四）党的十六大至党的十八届四中全会

党的十六大以来，在宗教工作方面，我们党继续推进中国化马克思主义宗教观的发展，指出宗教关系是事关党和国家全局的重大社会关系，宗教工作必须服从服务大局；要求以“三个代表”重要思想统领宗教工作，坚持和发展马克思主义宗教观；要以人为本尊

重人权，尊重和保护公民宗教信仰自由权利及合法权益；以国务院《宗教事务条例》的颁布为标志，国家依法管理宗教事务进入新阶段；进一步强调充分认识坚持独立自主自办原则遇到的新挑战和境外势力利用宗教对我进行渗透的严重危害性和抵御渗透的长期性、复杂性和紧迫性，正确把握扩大开放和抵御渗透的关系；加强爱国宗教团体建设，努力建设高素质的宗教人士队伍；在构建社会主义和谐社会的过程中，要发挥宗教在促进社会和谐方面的积极作用；立足构建社会主义和谐社会，从政治、社会、文化层面进一步全面推进积极引导宗教与社会主义社会相适应、相和谐。进一步明确了党的宗教工作基本理论和基本方针，特别强调要坚持用马克思主义的立场、观点、方法认识宗教问题，正确处理社会主义社会的宗教关系，保持和促进宗教关系的和谐，发挥宗教界人士和信教群众在促进经济社会发展中的积极作用等新观点、新要求，形成了以促进宗教关系和谐为纲领的科学发展观的宗教观，丰富了中国特色社会主义宗教理论，成为马克思主义宗教观中国化、时代化的最新成果。

中国特色社会主义宗教理论，是我们党把马克思主义关于宗教的基本原理同当代中国宗教实际和时代特征相结合的产物，是对邓小平理论、“三个代表”重要思想、科学发展观关于宗教的基本观点和基本政策的提炼概括，是对马克思列宁主义、毛泽东思想关于宗教的科学理论和方针政策的坚持和发展，是马克思主义宗教观中国化、时代化的智慧结晶，是中国特色社会主义理论体系的组成部分。

党的十七大继往开来、发展创新的一个重大突破，就是根据全球化发展的新趋势和我国改革开放以来的新形势，确立了党的宗教工作基本方针。党的十七大报告和新修改的党章都首次写入“全面贯彻党的宗教工作基本方针”。十七大报告中提出“发挥宗教界人士

和信教群众在促进经济社会发展中的积极作用”的重要论断，要求“团结信教群众为经济社会发展作贡献”，指出了宗教工作的根本点。这充分说明我们党高度重视宗教问题和宗教工作，坚持将马克思主义宗教观与我国国情相结合，为我们进一步做好新形势下的宗教工作提出了指导思想，指明了前进方向。

党的十八大再一次强调要“全面贯彻党的宗教工作基本方针，发挥宗教界人士和信教群众在促进经济社会发展中的积极作用”的要求，具有重大的理论和实践意义。十八大关于宗教工作的重要论述，体现了近年来宗教工作理论和实践创新的成果，实现了党的宗教工作方针政策的与时俱进。因此，全面贯彻党的宗教工作基本方针，发挥宗教界人士和信教群众在促进经济社会发展中的积极作用，是做好新形势下宗教工作的根本要求；做好信教群众工作，是宗教工作的根本任务。

十八大报告提出，要全面贯彻党的宗教工作基本方针，促进宗教关系和谐，发挥宗教界人士和信教群众在经济社会发展中的积极作用。实现中华民族伟大复兴的中国梦，为释放宗教正能量、发挥宗教界人士和信教群众在经济社会发展中的积极作用，提供了更加广阔的空间，也必将为中国特色社会主义宗教理论的进一步丰富和发展，提供理论依据和实践基础，从而不断开拓中国特色社会主义宗教理论的新境界。

党的十八大以来，以习近平同志为总书记的党中央高举中国特色社会主义伟大旗帜，坚持以马克思列宁主义、毛泽东思想、邓小平理论、“三个代表”重要思想和科学发展观为指导，全面深化改革开放，在进一步加强经济、政治、文化、社会、生态文明和党的建设方面，提出了一系列新思想、新论断、新观点，为我们党在新的

历史起点上坚持和发展中国特色社会主义宗教理论提供了强大动力和行动指南。全面建成小康社会和基本实现现代化、实现中华民族伟大复兴的中国梦，需要团结凝聚宗教界人士和广大信教群众的智慧和力量，与全国人民一起，在新的历史条件下凝心聚力、共同推进中国特色社会主义事业。

党的十八届三中全会通过的《中共中央关于全面深化改革若干重大问题的决定》虽然未提“宗教”二字，但不等于党和政府不重视宗教工作、不关心宗教界人士，恰恰说明我们党对宗教工作的态度是始终如一的。中国佛协副会长、湖北省佛协会长正慈表示，十八届三中全会的隆重召开，标志着中国的改革站在了新的历史起点上。“我们宗教界人士感恩改革开放带来的中国前所未有的发展成就，人民生活水平不断提高，宗教信仰自由政策全面落实。对于本轮改革中提到的利国利民的各项举措和美好前景，我们更是特别期待，充满信心。”浙江省佛协副会长、七塔禅寺方丈可祥说：“当前国家正处于深化改革、科学发展，全面调整经济结构、转变经济发展方式的关键时刻，我们宗教界将坚定不移地走爱国爱教的道路，拥护党和政府的领导，为维护社会稳定、国家统一作出自己的贡献。”①

党的十八届四中全会强调，全面推进依法治国，必须贯彻落实党的十八大和十八届三中全会精神，高举中国特色社会主义伟大旗帜，以马克思列宁主义、毛泽东思想、邓小平理论、“三个代表”重要思想、科学发展观为指导，深入贯彻习近平总书记系列重要讲话精神，坚持党的领导、人民当家作主、依法治国有机统一，坚定不

① 《宗教界热议十八届三中全会》，《中国民族报》，2013 年 11 月 19 日。

移走中国特色社会主义法治道路，坚决维护宪法法律权威，依法维护人民权益、维护社会公平正义、维护国家安全稳定，为实现“两个一百年”奋斗目标、实现中华民族伟大复兴的中国梦提供有力法治保障。

2014年11月4日，国家宗教局党组书记、局长王作安同志在传达贯彻党的十八届四中全会精神时指出，认真学习贯彻全会精神是当前的重要政治任务，要精心组织、切实抓好，迅速把思想和行动统一到全会精神上来。要把学习贯彻全会精神与深入学习贯彻十八大、十八届三中全会和习近平总书记系列重要讲话精神紧密结合起来，与总结今年工作、谋划安排好明年和今后一个时期宗教工作特别是法治建设工作紧密结合起来，与运用法治方式做好当前各项工作紧密结合起来，增强学习贯彻工作的针对性和实效性。全体干部职工都要切实增强法治观念，从我做起，自觉尊法、信法、守法、用法、护法，自觉维护法治权威。要认清肩负的责任，切实把全会精神贯彻到宗教工作全过程、体现在各方面，推动宗教工作在法治轨道上不断前进，为建设中国特色社会主义法治体系、建设社会主义法治国家做出积极贡献。[①]

在2015年全国宗教工作会议上，国家宗教局局长王作安在工作报告中说，2014年，我们认真贯彻中央关于宗教工作的决策部署和中央领导同志重要指示精神，坚持稳中求进的工作总基调，着力规范管理行为、推进重点工作、研究重大问题、强化正面引导，各项工作取得新的进展。王作安指出，2015年将是宗教工作十分重要的

① 《国家宗教事务局召开全局党员干部大会传达学习党的十八届四中全会精神》，国家宗教事务局网站，2014年11月5日。

一年。2015年的宗教工作，要深入贯彻党的十八大和十八届三中、四中全会精神，深入贯彻习近平总书记系列重要讲话精神，深入贯彻中央关于宗教工作的决策部署，以法治的方式推进宗教工作，以创新的精神推动解决宗教领域突出问题，以中国梦的伟大理想凝聚广大信教群众力量，努力为全面建成小康社会、全面深化改革、全面推进依法治国，营造团结稳定的社会环境。王作安强调要重点抓好四个方面的工作：一是推进宗教工作法治建设，二是推动解决宗教领域突出问题，三是支持宗教界加强自身建设，四是发挥宗教界的积极作用。①

二　马克思主义宗教观的中国化要与时俱进

马克思主义宗教观是建立在辩证唯物主义和历史唯物主义基础上对宗教和宗教问题的基本认识，以及在这种认识基础上表明的对宗教的态度和提出的解决宗教问题的基本原则、方针的总和。与此同时，马克思主义宗教观是与时俱进的，是随着实践的发展而不断丰富，不断创新的理论方针原则的体系。马克思主义是一个不断丰富和发展的科学体系，马克思主义宗教观及其相关理论也不例外，必然随着中国共产党对宗教认识的不断深化和处理复杂宗教问题的实际经验而不断丰富和发展。

马克思主义及其宗教观的中国化也是个不断深化的过程。当前马克思主义宗教观进一步中国化，既有民族关怀，更有世界关怀；既有家国情愫，更兼天下情愫。特别是当前全球化浪潮打破了每个

① 《2015年全国宗教工作会议在京召开》，国家宗教事务局网站，2014年12月27日。

民族单一独立的生活方式，正以其不可阻挡的力量席卷着世界上的一切国家和文化，撼动着世界的每个角落，把世界越来越紧密地联系为一个“地球村”。处于社会转型过程中的当今中国，传统文化的脆弱、外来文化的强入，多元文化的竞锋，都为马克思主义的指导地位提出了新课题，也为马克思主义宗教观的进一步中国化提出了挑战。

马克思主义宗教观是一个开放的、发展的科学理论。要洞悉我国社会主义现代化进程中宗教发展的新变化，加强调查研究，总结创新宗教工作实践经验，正确把握规律，作出新的理论概括，不断推动马克思主义宗教观中国化、时代化、大众化，始终用发展着的马克思主义宗教观指导宗教工作的新实践。

（一）马克思主义宗教观的“中国化”要适应国情和时代要求

马克思主义在当代中国作为我们的指导思想，使我们认识到中国文化“海纳百川，有容乃大”的特征。马克思主义在中国的成功，给我们带来了以马克思主义宗教观指导我们的宗教认识、推动当代中国宗教工作的意识。当然，这就需要马克思主义宗教观的“中国化”发展，由此形成具有中国特色的社会主义宗教理论。当代中国的马克思主义宗教观并不是完全照搬19世纪马克思主义经典作家根据欧洲社会实际而得出的关涉宗教问题的具体评价和结论，而是以马克思主义的理论指导及其科学方法联系中国实际的运用来分析、评价及处理中国当代的宗教问题。因此，马克思主义宗教观的“中国化”当然会有新的发展，会增添一些新的内容。这就是“中国化”马克思主义宗教观的开拓发展、与时俱进。

恩格斯说：“历史就是我们的一切。”克罗齐也曾说过，一切历

史都是当代史。都说明历史虽然已经过去，但对今天有多么重要，历史和现实不可割裂。马克思主义宗教观中国化的理论进展，总的来说是贯穿着马克思主义活的灵魂，即理论联系实际、一切从实际出发、具体问题具体分析，呈现着越来越适应中国国情和时代要求的趋势。

任何宗教都应适应其所处社会，在中国的宗教尤其应该如此。我们中国宗教学的研究强调并鼓励各宗教的“中国化”，积极探索其中国化的道路和方法，并注意和研究这种中国化在政治、社会、文化、思想、语言各个层面的意义及举措。中华民族独特的文化传统，独特的历史命运，独特的基本国情，决定了我们必然要走适合自己特点的发展道路。认识中国、解读中国，宣传阐释中国特色，就是要讲清楚每个国家和民族的历史传统、文化积淀、基本国情不同，其发展道路必然有着自己的特色。学习和掌握马克思主义宗教观必须理论联系实际，具有解决中国问题的意识。学习的关键在于用马克思主义的研究方法、科学思路来指导我们对当下、现实问题的观察、研究，立足于我们在中国国情、21 世纪世情中观察、分析、解决问题的客观需要，从而辩证地掌握其科学方法来运用于我们的实践之中，建设、发展“中国化”的马克思主义，并尽早形成中国特色社会主义的宗教观。

无论是在国际上还是在国内，对信教群众都要采取“最大限度地团结”这一方略。当前，我们除了应对经济、外交特别关注之外，还应以一种全球意识来关注民族、宗教、华侨问题。改革开放伟大事业成功发展、可持续发展的重要动力和基本条件，就是要增加团结力量、增加和谐因素，团结一切可以团结的力量，包括党内外、国内外、各民族、各个社会团体等方面的力量。我国现有 5000 多万

海外侨胞、1.1亿少数民族群众、上亿宗教信众，这些群体是我们当前祖国建设、社会发展、对外开放所必需依靠的重要力量，我们要最大限度地团结。在维护社会的稳定中，宗教的功能有着独特作用，我们应该努力发挥。至于对宗教本身的有效治理，也需要社会法律管理这种外延式管理与宗教信仰自律这种内涵式管理的并重。而其内涵式管理的成功则基于我们要把广大信教群众及其教职人员看做可以信靠的基本群众、看做社会内部的有机构成。在我们自己的社会共同体中，切不可将宗教异化、外化、他化。[①]

坚持和发展马克思主义宗教观，必须坚持从马克思到毛泽东所一贯强调的思想观念和政策要从实际出发并以实践为依据这个基本点。我们今天面临的宗教实际与一百多年前马克思、恩格斯创立马克思主义、列宁领导俄国革命时已经有了很大的不同，与中国辛亥革命以前的宗教国情也有着极大的变化。在许多传统社会里，宗教持有政治特权、人身依附的封建关系和众多资产，随着共产党执政和社会主义制度建立，这样的局面基本上已经不复存在。在中国现有的13亿人口中，严格意义上皈依各大宗教的信徒至少有一亿多人，但广义的宗教信仰者或对某种宗教感兴趣、参与某些宗教活动的人则更多。大多数信徒的宗教生活只是他们精神生活的一部分，他们与其他不信教的群众在信仰上的分歧，属于个人在宗教信仰上的自由选择，并不影响他们和其他人一样是社会主义国家的公民，和其他人一样从事学习、接受现代化的科学技术等知识，和其他人一样都是各行各业的劳动者，从事生产劳动、科技创新等活动。由

① 卓新平：《以社会主义核心价值观促进民族团结、宗教和谐》，《中国民族报》，2014年3月19日。

信教群众组织而成的宗教团体，绝大多数都和其他群众团体一样，是在宪法框架下和法律法规范围内活动的合法组织，各级宗教团体在政府的引导下，积极与社会主义社会相适应。我们对中国宗教现状以及中国社会宗教治理的认识与评判，是以这样一种基本国情为基础和出发点的。我们身处这样的宗教国情中，既要坚持马克思主义宗教观认识宗教的基本观点和方法，同时更要立足当下，将马克思主义宗教观与中国的宗教国情和中国社会发展实际相结合；我们既要看到宗教的本质没有变（即具有不同于其他社会意识形态的独特性），又要看到复杂多样的中国诸宗教传统，在近百年中在不同的方面有了很大的改观（虽然程度不一）；既要看到中国自改革开放以来，信教群众无论在信仰种类上还是在信仰者数量上都有了相当数量的增长，又要看到信教群众的生存状态、文化素养以及他们生活的社会大环境都已经发生巨大的转变；既要看到国际国内敌对势力利用宗教危害我国的文化安全与政治安全，又要看到绝大多数信教群众是爱国守法的公民，信仰上的差异并没有干扰他们和共产党人及其他民众同心同德建设和谐社会、共同为建设美好家园贡献力量。[①]

中国化马克思主义宗教观，这个偏正词组中的两个分词之间有必要保持一种基本的理论平衡。首先它必须是马克思主义的，它的理论论述必须符合辩证唯物主义和历史唯物主义世界观和方法论，必须要与唯心主义和形而上学划清界线。简言之，必须以马克思主义观宗教，而非以宗教观马克思主义。否则就不是什么马克思主义

① 金泽：《立足中国宗教国情，坚持和发展马克思主义宗教观》，《世界宗教文化》，2013年第6期。

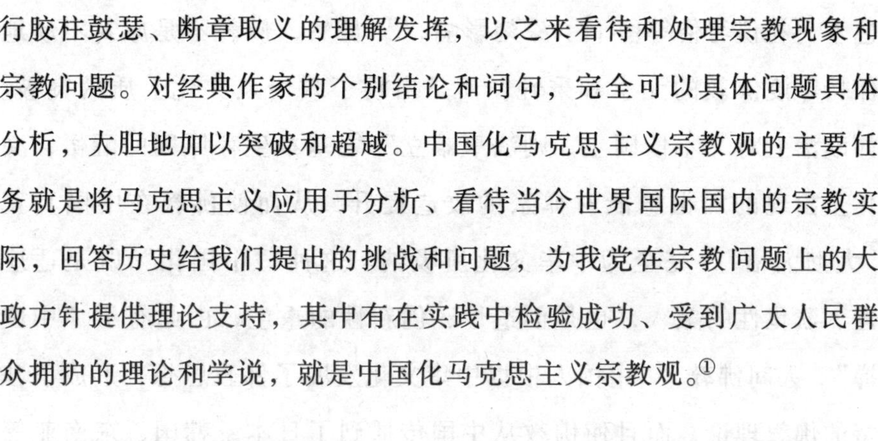

宗教观了，而是别的什么主义的宗教观，没有必要再打马克思主义的旗帜。其次，我们主张的马克思主义也是坚决反对本本主义和教条主义的，不能用经典作家、革命领袖和某些领导人的个别字句进行胶柱鼓瑟、断章取义的理解发挥，以之来看待和处理宗教现象和宗教问题。对经典作家的个别结论和词句，完全可以具体问题具体分析，大胆地加以突破和超越。中国化马克思主义宗教观的主要任务就是将马克思主义应用于分析、看待当今世界国际国内的宗教实际，回答历史给我们提出的挑战和问题，为我党在宗教问题上的大政方针提供理论支持，其中有在实践中检验成功、受到广大人民群众拥护的理论和学说，就是中国化马克思主义宗教观。[①]

（二）马克思主义宗教观的“中国化”必须重视文化的作用

2014 年 3 月 27 日，习近平主席访问位于法国巴黎的联合国教科文组织总部，并发表有关人类文明交流互鉴的演讲。习近平在演讲中多次提到宗教，特别对于世界宗教的多样性，以及三大世界性宗教与中国文化的互动予以了高度肯定。他说：“世界上有 200 多个国家和地区，2500 多个民族和多种宗教。如果只有一种生活方式，只有一种语言，只有一种音乐，只有一种服饰，那是不可想象的。”“2000 多年来，佛教、伊斯兰教、基督教等先后传入中国，中国音乐、绘画、文学等也不断吸纳外来文明的优长。”[②] 习近平正是在文化交流、文化包容的意义上论及 2000 多年来佛教、伊斯兰教、基督教等先后传入中国，指出中国文化善于吸纳外来文明优长的特点。

---

① 卓新平、龚学增、曾传辉、郑筱筠：《对话：如何认识马克思主义宗教观》，中国民族宗教网，2014 年 6 月 24 日。

② 《习近平在联合国教科文组织总部的演讲》，《人民日报》，2014 年 3 月 28 日 3 版。

习近平在演讲中指出，“佛教产生于古代印度，但传入中国后，经过长期演化，佛教同中国儒家文化和道家文化融合发展，最终形成了具有中国特色的佛教文化，给中国人的宗教信仰、哲学观念、文学艺术、礼仪习俗等留下了深刻影响。”① 显然，佛教不是原封不动地保持印度佛教的元素和秉性，而是出现了政治及文化上质的突破。如政治上对“不依国主、则法事难立”之基本生存原则的醒悟，文化上出现的六祖慧能对禅宗的改造提升，从而使佛教在中国真正“大彻大悟”，完全为中华文化所吸纳。这种“中国化”既是适应性、演化性的融入，也是创造性、创新性的重生，由此有了“中国禅”、人间佛教。“中国人根据中华文化发展了佛教思想，形成了独特的佛教理论，而且使佛教从中国传播到了日本、韩国、东南亚等地。”② 这种“传出”的佛教已不再是印度佛教，而乃地道的中国佛教。所以，以习近平主席的这一论述为表率，中国特色社会主义宗教理论必须研究在华宗教的“中国化”问题，并要积极促进外来宗教的“中国化”。在政治层面和文化领域，真正马克思主义的宗教观和中国特色社会主义宗教理论必须重视文化，发挥好文化的作用。其“中国式”研究乃是学术的、说理的、公正的、符合道德底线要求的，因为“以理服人，以文服人，以德服人，是中华文化的生命禀赋和生存耐性。”③

1. 马克思主义宗教观的“中国化”应该坚持开放包容的原则

中国化的马克思主义宗教观应该说是两大重要因素的有机结合。一是来自西方的马克思主义宗教观，其中自然会反映出西方文化传

① 《习近平在联合国教科文组织总部的演讲》，《人民日报》，2014 年 3 月 28 日 3 版。

② 同上。

③ 卓新平：《发展中国特色社会主义宗教理论》，《中国民族报》，2014 年 7 月 29 日。

统及其优秀成果。二是来自中国的传统思想文化，中国特色社会主义宗教理论如果忽视中国文化则没了特色。

马克思主义也不是凭空产生，乃有其文化土壤。这是我们必须研究西方哲学、西方政治学、西方经济学和西方社会学的原因。我们只有深刻了解西方文化史、把握西方文明精神的精髓，才可能透彻体悟马克思主义的博大精深。西方学术界对宗教大体上包括宗教学、政治学、心理学、人本学和社会学这几个层面的理解。从社会学意义上对宗教的理解以马克思主义为典型代表。马克思的著名论点是：宗教乃是人类社会的产物，并不是抽象的个人，而是人的“社会”才能产生宗教信仰。

中西宗教、欧美宗教，在特定的历史阶段有不同的发展轨迹和表现形式，主要内容和社会作用方面也多有不同，不可一概而论，我们应尽量避免谈论宗教时把宗教泛化。尤其是，当前我国进行的以马克思主义为指导的社会主义新文化建设，是关涉到宗教文化在内的全方位建设，它理应汲取人类一切先进成果。但是，如何吸收它的积极成分，做到古为今用、外为中用，是当前必须面对的一项紧迫性工作。对宗教文化之间差异性的认识，是进行社会主义新文化建设的前提和基础。甚至可以说，缺少这一点，清醒的、积极稳妥的、有中国特色的社会主义文化建设将无从谈起。同样，中国特色社会主义宗教理论既应该坚持其基本政治原则和价值标准，又要有“海纳百川，有容乃大”的包容精神和向外学习的谦虚态度。宗教在中国历史文化的交流上就生动反映出其交流、融合，展示了其在中华文化转型上的巨大作用和深刻寓意。

中国特色社会主义宗教理论必须关注文明对话、宗教交流，看清多元化的文化存在和社会现状。而且，这种文化理解必须是开放

性的，不可自我封闭。宗教包容、宗教宽容是多元共在的基本原则。为此，我们必须坚决反对宗教中或借宗教之名而实施的极端思潮、排他主义。文明对话、精神交流、宗教自由、信仰理解的真正推动应是“中和”思想、“中道”观念这种也很符合中国文化传统的“中庸之道”。所以，中国特色社会主义宗教理论要鼓励开放的、包容的、与时俱进的宗教社会态度，反对任何封闭的、排外的、保守的、极端的思潮。而对于极端思潮，我们必须坚决反对，有效防范。宗教的精神本身应是要求其不断超越自我、与时俱进；因此，决不能以任何宗教传统、习俗为借口来使之固步自封，更不允许由此而让其在社会上消极保守、逆行倒退。任何引诱人们搞民族分裂、宗教极端和暴恐活动的思想都不是宗教的本真，都是对宗教纯正信仰的根本违背和极大破坏。

2. 马克思主义宗教观的“中国化”要积极挖掘和阐发中华优秀传统文化

我们的民族文化，无论是汉族文化还是少数民族文化，都包含着丰富且重要的宗教文化。因此，中华优秀传统文化中自然也有宗教的内容，对这一内容，我们不能完全排拒、彻底否定。信教群众在我国人口中已经占有相当比重，这是不争的事实；特别是在一些少数民族地区，相关宗教已经成为大多数人的信仰，并已融入到民族文化、价值观念、道德规范之中，成为民族传统的有机构成和人们的风俗习惯。宗教已成为许多民族的重要文化遗产和文化标识，其在中华优秀传统文化中同样留下了深深的印痕，有着明显的反映。对此，我们不应回避，而应面对现实，审时度势，因势利导，积极引导。

在中华民族的精神追求、文化象征和道德标准中，中国人的宗教因素非常醒目，宗教在我们中华民族中的客观存在乃是不争的事实。这种充满精神气质、有着独特精神境界的宗教文化是我们中华文化的有机组成部分，起着举足轻重的作用。所以，中国特色社会主义宗教理论不可完全排拒中华文化传统中的宗教元素，不能仅从负面意义上来评价我们文化历史中的宗教。无论是从我们的社会现实、还是从我们的文化历史来审视，都要正视宗教在其中的积极意义，看到宗教对我们的文化发展所起的精神动力作用，面对宗教在我们社会存在和民众生活中的久远影响。

中国特色社会主义宗教理论当然要促进宗教文化真正适应并贡献于我们社会主义核心价值观的创立，当然要帮助宗教克服其在历史上曾有过、现在仍可能出现的负功能、负能量。

社会主义核心价值观包括三个层面，从国家层面我们要倡导“富强、民主、文明、和谐”，从社会层面我们要倡导“自由、平等、公正、法治”，从公民个人层面我们则要倡导“爱国、敬业、诚信、友善”。这不仅适用于我们对民族、宗教事务的外延式和内涵式管理，而且也与我们各民族、各宗教的优秀文化价值体系相吻合。中华民族的文化精髓是和谐、圆融、整体、大同，中国宗教的信仰精神是仁爱、和合、中庸、道德、信义。中国传统儒家文化的“仁、义、礼、智、信”与今天中国宗教的爱国爱教爱人，以及其所体现的真善美圣、忠诚贞爱，都可以同社会主义核心价值观密切结合。民族、宗教讲和平、和睦、和谐、仁爱、真诚，是其发展的主流和大方向。在社会主义核心价值观的践行中，完全可以和中国优秀传统文化包括各民族文化及宗教文化“求大同”。因此，这一核心价值

观的倡导和推行，非常有利于我们积极引导宗教与社会主义社会相适应，有利于宗教在当代社会“中国化”、“时代化”的积极发展，也有利于民族文化、宗教文化自我革新、自我升华、与时俱进。①

宗教必须不断自我革新、自我突破、自我超越。我们的宗教传统及现实存在状况有需要改进、扬弃的地方，宗教理应不断改革、不断创新、与时俱进。中国特色社会主义宗教理论的发展，既要积极挖掘和阐发中华优秀传统文化，同时也要努力使中华民族最基本的文化基因与当代文化相适应、与现代社会相协调，从而使之得以体现以改革创新为核心的时代精神。与此同时，我们在宗教工作和民众的宗教生活中也应该积极推进社会主义核心价值观，使包括宗教文化在内的中华优秀传统文化成为涵养社会主义核心价值观的重要源泉。

① 卓新平：《以社会主义核心价值观促进民族团结、宗教和谐》，《中国民族报》，2014年3月19日。

第四章

全面把握中国特色社会主义宗教理论

马克思主义宗教观中国化的成果就是形成了中国特色的马克思主义宗教观，其集中表现就是中国特色社会主义宗教理论。在当代中国，坚持马克思主义宗教观，就是坚持中国化的马克思主义宗教观，最重要的就是坚持中国特色社会主义的宗教理论。中国共产党关于宗教问题的基本理论和基本政策是马克思主义理论体系、中国特色社会主义理论体系的重要组成部分，是认识和处理我国宗教问题的基本方针。坚持马克思主义宗教观，就是坚持中国共产党的宗教观。

十一届三中全会以来，中国共产党将马克思主义宗教观与中国宗教的具体实际相结合，积极探索正确认识和处理宗教问题的方法与途径，不断总结经验教训，逐步走出了一条具有中国特色的处理宗教问题的正确道路，形成了一整套符合我国社会主义初级阶段实际的宗教理论和宗教政策，极大地丰富和发展了马克思主义宗教观，形成了中国特色社会主义宗教理论。中国共产党在领导全国各族人民进行革命和建设的过程中，坚持将马克思主义宗教观与中国宗教

国情正确结合，基本上成功地解决了中国的宗教问题，继承、丰富和发展了马克思主义宗教观。

尤其是关于社会主义时期宗教问题的基本理论和政策是对马克思主义宗教观的重大创新，主要包含以下观点：能否正确对待和处理宗教问题关系到建设中国特色社会主义的全局；研究宗教问题要有世界眼光；充分认识我国社会主义时期宗教问题的长期性、群众性和特殊复杂性；我国现阶段宗教具有积极和消极的两重性社会作用；贯彻宗教信仰自由政策要全面正确，并保持这一政策的稳定性和连续性；处理同宗教界的关系要坚持政治上团结合作，信仰上互相尊重的原则；国家要依法对宗教事务进行管理；坚持独立自主自办教会的原则，高度警惕境外敌对势力利用宗教“西化”、“分化”我国的图谋；积极引导宗教与社会主义社会相适应；共产党员要坚持马克思主义宗教观，不能信仰宗教，要对人民群众进行唯物论和无神论的教育。

中国特色社会主义宗教理论的基础是关于社会主义时期的宗教和宗教问题的规律，主要涉及什么是宗教、宗教的根源、宗教的发展、宗教的社会作用等基本理论问题。对各级领导干部来讲，在当代中国，坚持中国特色社会主义宗教理论，就是坚持马克思主义宗教观。因此首先要准确把握中国特色社会主义宗教理论的基本内容。

一　社会主义时期宗教的本质及其表现

科学揭示宗教和宗教问题的规律，首先要科学界定什么是宗教。在这个问题上，我们党经历了从强调宗教的有神论本质到强调宗教是一种社会、文化及历史现象的转变。

关于宗教的本质，马克思主义总的思想是反对用观念的东西去诠释宗教，而主张到宗教的每个发展阶段的现实物质世界中去寻找它的本质。一般而言，我国许多人，尤其是党政部门的宗教研究者将恩格斯在《反杜林论》中所说的一段话视为马克思主义对宗教的定义。

恩格斯在《反杜林论》中曾对宗教的本质作了高度的概括，指出："一切宗教都不过是支配着人们日常生活的外部力量在人们头脑中的幻想的反映，在这种反映中，人间的力量采取了超人间的力量的形式。"[①] 这段话说明：第一，宗教就其内容和对象来说，与其他社会意识形态一样，都是社会存在的反映。宗教信仰和崇拜的对象并不是什么不可捉摸的神秘权能，而是与人们日常生活密切相关，但却支配着人们日常生活的自然力量和社会力量。宗教的内容不管多么神秘玄虚，我们都可以在世俗社会找到它的"原型"。第二，宗教之为宗教，它与其他社会意识形态的区别在于：从反映形式上看，它是那些支配人们日常生活的外部力量在人们头脑中的"幻想的反映"，是人们幻想的产物。一切宗教信仰和崇拜的对象都是幻想出来的东西，客观上并不存在；从基本特征上看，宗教是一种信仰和崇拜"超人间力量"——"神"或"神灵"的存在形式。世界上没有不崇拜神或神灵的宗教，信仰超人间力量是宗教最显著的本质特征。[②]

改革开放以前，恩格斯关于一切宗教都不过是支配人们日常生活的外部力量在人们头脑中的虚幻的反映的论断，曾长期被认为是宗教的定义。这就导致对于宗教主要是看重其作为唯心主义的有神

---

① 《马克思恩格斯选集》，第3卷，人民出版社，1995年版，第354页。

② 刘仲康：《马克思主义宗教观概述》，中国宗教学术网，2010年11月17日，载《新疆社会经济》1998年第4期。

论世界观的一面。在以阶级斗争为纲的“左”的年代，宗教有神论世界观的不科学性被认为是政治上的反动，由此给党和国家的宗教工作留下了深刻的教训。

不过，一些当代中国学者进而认为，宗教并不单纯是个人对某种超人间、超自然力量的信仰崇拜，而且还是某种与社会结构密切相关的、表现为集体行为的社会力量。比如，吕大吉先生就指出：“恩格斯的这个论断在揭示宗教观念的本质上是很科学的，不足之处只在于它没有涉及宗教还是一个包含诸多因素的社会现象和社会体系，因而它不能作为关于宗教的完整定义。”①

基于恩格斯的上述表述而加以补充，吕大吉先生提出了自己对宗教的定义：“宗教是把支配人们日常生活的外部力量幻想地反映为超人间、超自然的力量的一种社会意识，以及因此而对之表示信仰和崇拜的行为，是综合这种意识和行为并使之规范化的社会体系。”在这种表述中，我们可以看到他将宗教划分为两种因素、四个层次，也就是宗教的内在因素和外在因素，其内在因素包括宗教的思想观念和感情体验这两个层次，其外在因素则为行为活动和组织制度这两个层次。

如果我们进而分析的话，可以发现宗教的内在因素即宗教意识，其外在因素即宗教的形体。其中宗教的思想观念是其结构体系的核心所在，处在最深层，它亦包含宗教的情感和体验；处于中层的为宗教的崇拜行为和信仰活动；处在最外层的则为宗教的组织与活动制度。

① 卓新平：《宗教对社会的作用》，中国宗教学术网，2012 年 7 月 6 日，引自中央国家机关理论武装在线网。

吕大吉先生对宗教的定义比较符合大多数中国人的认知心态，其特点是内涵大，外延小，从而反映了中国学者对宗教的界定不如西方学者那样宽泛。①

我们中国人对宗教的理解比西方人的理解要狭窄得多。在中国人的认知语境中，只有具有组织形态、群体共在的宗教建构才被视为严格意义上的宗教。

1982年党中央《关于我国社会主义时期宗教问题的基本观点和基本政策》的19号文件一开始就提出："宗教是人类社会发展一定阶段的历史现象，有它发生、发展和消亡的过程。宗教信仰，宗教感情，以及同这种信仰和感情相适应的宗教仪式和宗教组织，都是社会的历史的产物。"② 这是中国共产党对"什么是宗教"所作的新概括。这一关于宗教的定义式的表述包含了丰富的内容：强调宗教是一种社会历史现象，而不仅仅是意识形态现象；强调宗教有其演化的客观规律，是不以人们的主观意志为转移的；强调宗教现象是由多种要素构成的，而信仰是其中的第一要素，也可说是核心要素。

19号文件根据党和政府宗教工作的需要，明确指出宗教是由宗教信仰、宗教感情，宗教仪式和宗教组织等要素组成。这种说法改变了长期以来把宗教简单地看作是一种意识形态的观点，特别注意到了宗教仪式活动和组织这些外在的表现形式，使人们对宗教有了全面的认识，宗教工作有了明确的目标，即不是单纯面对有神论的宗教信仰，更主要的是面对宗教信徒的宗教活动、场所和组织，做

① 卓新平：《宗教对社会的作用》，中国宗教学术网，2012年7月6日，引自中央国家机关理论武装在线网。

② 《关于我国社会主义时期宗教问题的基本观点和基本政策》(1982年3月)，《新时期统一战线文献选编》，中共中央党校出版社，1986年版。

好宗教界人士和信教群众的工作。

不仅如此，随着宗教工作实践的不断推进，对于什么是宗教，中国共产党逐步形成了关于宗教不仅仅是意识形态，还是一种社会文化历史现象的比较全面科学的认识：宗教是基于对超自然力量信仰的一种社会、文化及历史现象。

二　社会主义时期宗教长期存在的根源

对宗教存在和发展根源的认识，在社会主义的发展史上经历了曲折的过程。马克思、恩格斯、列宁都没有来得及对建立了社会主义制度以后宗教还将长期存在的问题进行过具体的阐述。而前苏联一度认为社会主义制度建立以后，宗教的社会根源基本消失，宗教只是旧社会遗留的意识形态残余，只要依靠无神论宣传，甚至是行政命令的手段就可以很快消除宗教残余，结果违背了宗教自身的规律，在解决社会主义时期宗教问题上犯了急于求成简单粗暴的错误。

在我国，特别是“文化大革命”期间也曾经犯过类似的错误。在总结历史教训的基础上，1982 年中共中央 19 号文件运用历史唯物主义分析了宗教的根源问题。指出，宗教观念的最初产生，反映了在生产力水平极低的情况下，原始人对自然现象的神秘感。进入阶级社会以后，宗教得以存在和发展的最深刻的社会根源，就在于人们受这种社会的盲目的异己力量的支配而无法摆脱，在于劳动者对于剥削制度所造成的巨大苦难的恐惧和绝望，在于剥削阶级需要利用宗教作为麻醉和控制群众的重要精神手段。

文件特别着重阐明了社会主义时期宗教长期存在的根源，指出，在社会主义社会中，随着剥削制度和剥削阶级的消灭，宗教存在的

阶级根源已基本消失。但是，由于人们意识的发展总落后于社会存在，旧社会遗留下来的旧思想、旧习惯不可能在短期内彻底消除；由于社会生产力的极大提高，物质财富的极大丰富，高度的社会主义民主的建立，以及教育、文化、科学、技术的高度发达，还需要长久的奋斗过程；由于某些严重的天灾人祸所带来的种种困苦，还不可能在短期内彻底摆脱；由于还存在着一定范围的阶级斗争和复杂的国际环境，因而宗教在社会主义社会一部分人中的影响，也就不可避免地长期存在。“四个由于”从宗教意识的相对独立性、社会生产力以及经济基础上层建筑的不完善、自然力量仍然对人类带来灾害以及一定范围阶级斗争的存在等方面论述了社会主义时期宗教存在的长期性。文件还特别强调了在人类历史上，宗教终究是要消亡的，但是只有经过社会主义、共产主义的长期发展，在一切客观条件具备的时候，才会消亡。

我们党认识到社会主义时期宗教的长期性是因为支撑宗教存在发展的自然根源、社会根源、认识根源和心理根源的长期存在。在社会主义时期宗教还将长期存在的根源主要表现为，历史上的主要宗教源远流长，至今依然存在。宗教不仅存在，还时有蔓延发展之势。新兴宗教层出不穷；甚至出现了不少打着宗教旗号的邪教组织。特别是西方国家，宗教影响依然根深蒂固。当今世界宗教依然兴盛说明人类物质文明和精神文明发展的程度，以及人们思想认识的水平，还远未达到足以消除宗教根源的程度，宗教还有存在的相当深层的条件。社会的剧烈变化；社会的不安宁和苦难；生命和宇宙还有许多尚未作出科学解释的现象。这些都可能成为促使人们到宗教中去寻求精神寄托的原因。

马克思主义认为，随着社会生产力的发展、文明的进步和人们

思想觉悟的提高，宗教存在的基础和条件将逐渐减少，最终是要消亡的，但这将是一个十分漫长的过程。宗教走向最终消亡可能比阶级、国家的消亡还要久远。

三 社会主义时期宗教的社会作用

马克思主义者对宗教的功能、作用，一般都持两重性的观点，认为宗教既有积极的一面，也有消极的一面。事实上，宗教作为一种社会历史现象，在几千年的历史发展中已经深深同化进人类社会经济、政治和文化结构，对社会的发展起着非常复杂的作用。概括地说，宗教具有社会整合功能、心理调适功能、道德教化功能和文化交往功能等。

中国共产党认为，我国宗教的社会作用仍然具有两重性，既有积极的一面，也有消极的一面。还会受到一定范围内存在的阶级斗争和国际上一些复杂因素的影响。这一判断依据的是如下事实：一方面，我国各宗教都蕴涵着热爱和平、崇尚和谐的价值取向和精神追求，信教群众聚居或占人口比例大的基层行政单位有很多都在所处行政区划内走在了社会主义思想道德建设的前列；另一方面，冷战结束以后，宗教在世界政治和国际关系中的影响持续上升，恐怖主义和霸权主义都企图打出宗教的旗帜，境外势力利用宗教对我国进行的渗透不断加剧，不仅影响了一部分信教群众，也影响了一部分不信教群众，在境内则由于多年来社会关系和利益格局发生剧烈变动，公民的人权观念日益增强，信仰某种宗教的群体的准结社性质往往被某些心怀叵测者利用来获取非法的政治、经济利益，挑战中国共产党的执政地位。

在社会主义社会，宗教的积极作用集中表现为亿万信教群众和广大爱国宗教人士政治上拥护中国共产党，爱国守法，积极投入中国特色社会主义的经济建设、政治建设、文化建设、社会建设、生态文明建设，做出了应有的贡献。另外，宗教的思想道德文化，经过爱国宗教人士作出有利于社会主义的开掘，也能发挥积极的作用。

宗教的消极作用主要表现为宗教极端主义对于民族团结、社会稳定、国家统一的危害。另外，宗教有神论的发展和传播，与社会主义的核心价值体系的思想建设有矛盾，尤其对于中国共产党的世界观纯洁性建设造成危害。

在社会主义时期，宗教的社会作用具有积极和消极的二重性特征，这既表现在宗教人士和信教群众的社会活动方面，也表现在宗教思想文化方面。

宗教的社会作用具有两重性表明，在一个深刻变革、快速转型的社会中，宗教既可以发挥特殊的积极作用，也可能产生严重的破坏作用，关键是引导。

宗教与一定社会的经济、政治、文化问题交织在一起，对社会的发展和稳定产生重大影响。宗教的存在，是以大量群众信奉它们为前提的。由于宗教的这种群众性，它往往构成一种非常强大的社会力量，处理得好，可以对社会发展和稳定产生积极作用，处理得不好，就会产生消极作用，甚至产生很大的破坏作用。关键看能否有效地管理和引导，减少消极因素，发挥积极因素。

关于宗教的社会作用，首先要解决一个标准问题。宗教作为社会意识形态的一部分，属于思想的上层建筑，判定它的社会作用的标准，只能看它所维护的生产关系是否有利于生产力的发展，是否有利于巩固和发展先进的社会制度，是否有利于推动生产力的发展，

是否有利于巩固和发展先进的社会制度，是否有利于推动人类精神文明的进步。其次，必须坚持唯物辩证法的原则：①宗教的社会作用不是固定不变的，当它与不同的经济制度、政治制度和政治力量发生联系时，其作用会各不相同；②要坚持“一分为二”，反对形而上学的非此即彼，认为要么只有积极作用，要么只有消极作用；③在同一历史条件下，宗教的社会作用有主次之分。

总的说来，宗教的社会作用具有二重性。在阶级社会中，一方面，它为剥削阶级所利用，成为其麻醉人民精神、维护自己统治的工具。首先，宗教为人剥削人、人压迫人的社会制度进行论证和辩护。宗教常常用上帝或诸神的名义从各方面论证剥削制度的合理性，为苦难世界提供神学的辩护，把它美化为上帝或诸神的安排，使之在耀眼的灵光圈的保护下，具有神圣不可侵犯的性质。其次，宗教运用“天堂”和“来世”说给苦难的人民许诺一种幻想的幸福，为套在人民身上的锁链装饰上虚幻的花朵，使人民安于现实的苦难。当这些被压迫阶级把眼光从现实转向天国之后，统治者就可以无忧无虑地过着那种骄奢淫逸的生活了。正是从这个意义上，马克思主义创始人认为，宗教是对人间谬误的“天国的申辩”，是使颠倒的社会得到安慰和辩护的普遍根据，是苦难社会的灵光圈，是“麻醉人民的鸦片”。在阶级社会，宗教的这种消极作用的一面是基本的、主要的，是历史的事实。马克思主义创始人正是基于阶级社会的历史事实来论及宗教的“鸦片”作用的，我们决不能根据今天历史条件的变化来妄断或否定马克思主义创始人的结论，认为宗教在阶级社会里主要是起着积极的社会作用。另一方面，宗教作为一种“外衣”，在被压迫民族和被压迫阶级反抗外敌入侵和反动统治阶级的革命斗争中也曾起过一定的积极作用。这种积极的、进步作用的一面

虽属是非基本的、次要的，但确实是存在的。

在社会主义社会中，宗教的社会作用仍然具有二重性。一方面，宗教在本质上没有发生根本变化，它仍是现实世界在人们头脑中的虚幻的、颠倒的反映，宗教的教义决定了它信仰和宣扬上帝、神灵主宰一切，它将我们在党领导下所取得的成就归功于上帝和神，对社会主义社会中出现的挫折和困难，看作是神的惩罚，要人们跪倒在神灵的脚下来消灾弥难。这说明，宗教的本质不变，宗教的麻醉作用仍然存在。此外，在政治领域，宗教仍有可能成为国内敌对分子和国外敌对势力用以对我进行破坏社会稳定、民族团结和祖国统一的一种工具。这种作用虽是非基本的、次要的，但却是不能否认的。另一方面，在社会主义时期宗教的社会作用又发生了巨大的变化。这是因为，宗教的社会作用不但与其本质紧密相联，而且与社会历史的客观条件密切相关，它要通过种种条件的相互作用具体地表现出来，其中，很重要的一个因素是它被谁所利用，为谁的利益服务。在社会主义社会条件下，宗教状况已发生了深刻的变化，剥削阶级作为阶级已经消灭，宗教已摆脱了统治阶级的控制和利用。

我国各宗教爱国组织成为党和政府联系广大信教群众的桥梁，广大信教群众也和其他人民群众一样成为国家的主人，是社会主义事业的建设者。适应社会主义建设事业的不断发展，宗教思想也发生着积极的变化，突出的表现就是把爱国爱教有机地统一起来。相当一批宗教界爱国人士参加了各级人大、政协，参与国家大事的协商和决策。各宗教通过对教义的新的阐释，劝导信徒止恶扬善，客观上有利于社会主义精神文明建设。各爱国宗教团体和宗教界人士积极开展对外友好交往，对促进我国与世界各国人民之间的友谊和维护世界和平发挥着日益重要的作用。由此可以说，在我国社会主

义历史时期，各宗教中有利于社会发展的积极因素不断得到发挥，不利于社会发展的消极因素不断得到克服，宗教的社会作用正在发生积极的变化。

四 社会主义时期宗教问题的长期性、群众性和特殊的复杂性

2001 年全国宗教工作会议指出，社会主义时期的宗教问题突出表现为长期性、群众性和特殊的复杂性。2015 年全国宗教工作会议强调指出，要以创新的精神推动解决宗教领域突出的问题。正确认识我国社会存在的宗教问题，关键是要立足于我国社会主义初级阶段的基本国情，充分认识宗教存在的长期性，以及在复杂的国内外形势下宗教问题所具有的特殊复杂性，关键是群众性。

（一）深刻认识宗教存在的长期性

认识宗教问题的长期性，冷静稳妥地解决和对待宗教问题。宗教是人类社会的客观存在，不仅过去长期存在，而且将来还会长期存在，不可能强制地消灭它。历史上曾发生过不少人为消灭某种宗教的事件，给了我们不少的教训。历史和现实都说明，宗教存在的根源在于现实社会，而现实社会的矛盾斗争和不平衡发展的长期性，又决定了宗教根源存在的长期性，决定了宗教存在的长期性。

中国共产党人依据马克思主义的历史唯物主义原理，结合中国宗教的具体实际，阐发了宗教存在的长期性、宗教产生与存在的根源以及宗教的消亡等问题。提出：宗教走向最终消亡可能比阶级、国家的消亡还要久远；社会主义时期宗教的长期性是因为支撑宗教

存在发展的自然根源、社会根源、认识根源和心理根源的长期存在。

宗教有其存在的自然根源。在原始社会，人们由于恐惧和敬畏，把某种自然力量幻想成为主宰人类命运的超自然力，并且加以膜拜，形成了原始的宗教观念。进入阶级社会以后，人类认识和改造自然的能力逐步提高了，自然异己力量对人们日常生活的支配逐渐减少，但并没有根本消除。在我国社会主义条件下，各种自然灾害、环境问题等还将长期影响人们的生活，在全体人民中普及自然科学知识仍需要漫长的过程，因此，宗教的自然根源仍将长期存在。

宗教有其存在的社会根源。在原始社会，为了维系血缘关系、开展生产劳动、与其他氏族抗争等的需要，系统化的宗教观念和宗教活动随之形成。在阶级社会，剥削阶级往往把宗教作为维护统治的工具，阶级压迫和剥削是宗教能够存在并发展的重要原因。随着社会主义制度的建立，我国宗教存在的阶级根源已经基本消失，社会根源虽然发生了很大变化，但仍然存在。长期以来，宗教对我国社会产生了深刻的影响，随着社会的多元化发展，宗教仍然是人们在思想文化、生活习俗和价值观上的一种选择。我国各主要宗教大都是世界性宗教，与国外宗教存在着历史渊源关系，随着国际间交往的频繁，国际间宗教的存在和发展对国内宗教也产生了影响。

宗教有其存在的认识根源。宗教是人们在认识层面对人自身、人与自然以及人与人之间关系的一种反映。当人们从神圣化的异己力量角度来理解自身的处境、寻找存在的价值时，就产生了宗教观念和宗教信仰。尽管人们的认识能力在不断提高，但毕竟是有局限的，只要人们对支配其日常生活的外部力量还存在幻想式的认识，宗教就会继续存在。在社会主义条件下，人们对社会制度、社会关系的认识有了新的角度，也更加客观，宗教不再是主要的选择。我

国经济社会的快速发展给一些人带来了思想上的迷茫，社会结构的变动、利益格局的调整、思想观念的多元，进一步加剧了人们在认识上的分化。因此，宗教作为认识世界的一种方式，其存在的认识根源仍然发挥着重要作用。

宗教有其存在的心理根源。生活中，人们在心理上常常产生一些普遍的情感，进而产生一定的心理需求，宗教观念正是在这些特定的心理需求下形成的。在不同的历史阶段，人们的心理需求有一定的连续性和相似性，宗教信仰和宗教生活可以满足人们特定的心理需求，宗教因此可以长期存在并发展。在社会主义条件下，宗教存在的心理根源并没有消失，有些心理因素在一定条件下还会得到强化。所以，不论贫穷还是富有、发达还是落后，宗教信仰都可以成为人们满足心理需求的一种选择。

宗教存在的长期性是由宗教根源的长期性决定的。我国正处在社会主义初级阶段，经济社会发展还存在着一些矛盾和问题，这些问题的解决不会一蹴而就，需要一个长期的过程。解决宗教问题的唯一正确的根本途径，只能在保障宗教信仰自由的前提下，通过社会主义的经济、文化和科学技术事业的逐步发展，通过社会主义物质文明和精神文明的逐步发展，逐步地消除宗教得以存在的社会根源和认识根源。

强调认识社会主义时期的宗教问题，根本是长期性，就是要根治对待宗教问题的“短视症”。新中国成立以来，党中央多次强调宗教的长期性问题。针对“文化大革命”期间用粗暴手段消灭宗教的做法，党中央在1982年19号文件中明确指出，对于社会主义条件下宗教问题的长期性，全党同志务必要有足够清醒的认识。那种认为随着社会主义制度的建立和经济文化的一定程度的发展，宗教就会很快消亡的想法，是不现实的。那种认为依靠行政命令或其他强制手段，可以一举消灭宗教的想法和做法，更是背离马克思主义关于宗教问题的基本观点的，是完全错误和非常有害的。我们党认识到宗教根源的长期存在决定宗教的最终消亡是一个漫长的过程。社会主义条件下宗教存在的长期性，决定了不能用行政的力量去消灭宗教，也不能用行政的力量去发展宗教，而是要引导宗教与社会主义社会相适应。

强调"根本是长期性"，就要真正抓住"根本"。根本是不以我们主观意志为转移的客观存在，关乎事物发生、发展的规律，关乎能否着眼长远、立足现实，按照规律去做好宗教工作。

（二）深刻认识宗教问题的群众性

宗教的群众性，集中表现为信仰宗教的庞大人群是宗教的主体，没有宗教徒，也就没有现实的宗教。世界上绝大多数人都信仰宗教的这一现实，要求我们必须十分慎重地对待人们的宗教信仰。正因为宗教是一种群众性的社会现象，古往今来，宗教往往成为社会各种势力争取和利用的对象，同时，反过来，宗教又往往成为一些现实斗争和矛盾的依托与深刻背景。人们争取和利用宗教力量，目的就是要争取和利用众多的信教群众。统治阶级往往力图借助宗教来加强其政治统治，而被压迫群众为摆脱苦难也往往以宗教作为掩护或号召而进行反抗。在当今世界上，宗教更是为各派政治和势力所利用。我国信仰宗教的群众占全国总人口的比例虽然不大，但绝对数不小。

我国将近1亿以上的人口都信仰宗教，这就决定了正确认识我国的宗教，实际上就是正确对待信仰宗教的群众问题。信教群众也

是建设中国特色社会主义事业的积极力量。宗教工作，最根本的是做信教群众的工作，就是要团结和教育信教群众为祖国富强和民族振兴积极贡献力量。为此，就要尊重信教群众的宗教信仰。如果对他们的信仰不尊重，不理解，甚至采取错误的做法，广大信教群众就不会靠拢党和政府。我们党代表最广大人民的根本利益，当然也包括广大信教群众的合法权益。认真执行党的宗教政策，正确处理党同信教群众的关系，有利于巩固和扩大党的群众基础，增强党在广大群众中的吸引力和凝聚力，把他们紧紧团结在党和政府的周围。

宗教对信教群众有强大的感召力和凝聚力。宗教中包含着对生命的终极关怀等内容，对信教群众具有心理调适、精神慰藉等作用。信教群众的精神需求在宗教生活中得到某种程度上的满足，对宗教有一定的依赖，宗教认同成为许多宗教信众社会认同的重要方面。宗教领袖也通过自身的号召力和影响力，在对信教群体的整合方面发挥着特殊的作用。信教群众构成的群体也是一种社会实体，其社会作用和社会影响不容忽视。信仰同一宗教的人往往具有相同或相近的思想观念和宗教生活，彼此之间认同度较高，具有某些共同的利益和相似的诉求。当信教群众的宗教情感被唤起时，就会形成一种有信仰支撑和凝聚的群体力量，迅速而集中地放大宗教的社会作用，释放出巨大的社会能量。

宗教问题的背后是群众问题，宗教问题本质上是群众问题，做好宗教工作必须正确看待信教群众，做好信教群众的工作。正确看待信教群众是做好宗教工作的重要前提。信教群众也是群众，是我们党可以团结和依靠的力量，党同信教群众的关系也是血肉关系。我们党现阶段的中心任务，就是要团结带领包括广大信教群众在内的全国人民共同建设中国特色社会主义，实现中华民族伟大复兴的中国梦。信教群众与不信教群众在信仰上存在差异，但这种差异是比较次要的差异，不能因此把信教群众视为异己力量。信教群众和不信教群众都是国家的主人，他们在政治上、经济上的根本利益的一致是主要的。宗教信仰自由是法律赋予公民的一项基本权利，不能简单地把信仰宗教看成思想上愚昧、政治上落后的表现。广大信教群众在各自岗位上勤奋工作，尽职奉献，同样对国家、对民族、对人民、对社会作出了贡献。

宗教的存在，是以大量群众信奉它们为前提的。由于宗教的这种群众性，它往往构成一种非常强大的社会力量，处理得好，可以对社会发展和稳定产生积极作用；处理得不好，就会产生消极作用，甚至产生很大的破坏作用。正因为宗教是一种群众性的社会现象，它们往往成为社会各种势力利用和争取的对象，同时反过来它们又往往成为一些现实斗争和矛盾的依托与深刻背景。人们争取和利用宗教力量，目的就是要争取和利用众多的信教群众。由于宗教牵涉到数量庞大的信教群众，而且总是与社会政治问题结合得很紧，如何对待和处理宗教，始终是一个敏感和复杂的社会问题，必须具有敏锐的观察力，必须慎重、稳妥，不能人为地扩大宗教影响，也不能用行政命令去发展宗教，更不能人为地去消灭宗教。因为宗教的产生、形成、发展具有很复杂的社会、历史、政治因素，因此，对待宗教问题必须冷静分析，认真解决。

强调“关键是群众性”，就是要牢牢把握住“关键”。群众路线是党贯彻始终、渗透到各方面的生命线。信教群众也是群众。面对信教群众，仍然要牢牢把握这条关键的生命线。

（三）深刻认识宗教问题的特殊复杂性

宗教本身是十分复杂的社会现象，世界又是多宗教的世界，这就不可避免地产生宗教问题。宗教的积极作用与消极作用相互交织。宗教的社会作用既有积极的一面，也有消极的一面。在我国社会主义条件下，宗教的社会作用仍然具有两重性。无视宗教的消极作用，或不适当地夸大宗教的积极作用，都是不对的；看不到宗教在我国的积极变化，一味地认为宗教主要起消极作用，也是不对的。

当前，我国宗教方面的矛盾主要是人民内部矛盾，属于非对抗性矛盾。同时，我国宗教领域也存在对抗性矛盾。对抗性矛盾与非对抗性矛盾往往同时并存，相互交织，非对抗性矛盾在一定条件下还容易升级转化成为对抗性矛盾，呈现出异常的复杂性。

宗教的复杂性指的是宗教往往构成一种非常强大的社会力量，而且总是同政治、经济、文化、民族等方面历史和现实的矛盾相交错，常常与现实的国际斗争和冲突相交织。宗教问题也从来不是孤立存在的，它总是同政治、民族等方面的历史与现实的矛盾相交错，还表现为一个国家国内宗教与国外宗教的交织，具有特殊复杂性。

宗教问题与政治问题的交织主要表现在宗教与阶级和阶级斗争，宗教同殖民主义、帝国主义侵略，宗教与民族解放运动，宗教同政党，宗教同国家的关系等方面。

我国一些宗教与民族关系紧密，宗教问题与民族问题往往交织在一起。在历史发展进程中，宗教与民族有着密切的关系，形成了既有一个民族信仰一种宗教，又有一个民族信仰多种宗教，或一种宗教的信徒跨越多个民族的局面。宗教可以使民族更加具有凝聚力，但宗教也与民族之间的矛盾和冲突交汇在一起，起到推波助澜的作

用，产生不可低估的影响。宗教问题与民族问题的交织集中表现为宗教对于民族关系的影响。宗教既可以被用来制造民族之间的不和与冲突，又可以成为民族之间联系的纽带和通道。共同的宗教信仰固然可以比较容易导致国家民族关系的和谐和友好，但如果这些国家或民族之间出现重大的政治分歧和经济冲突，他们也往往不顾宗教信仰的相同而导致矛盾的激化和冲突的加剧。尊重少数民族群众的宗教信仰，在一定程度上就是尊重了他们的民族，对于维护民族团结有促进作用。但少数民族群众的宗教信仰也容易被民族分裂势力所利用，成为他们蒙骗、裹挟信教群众，煽动宗教狂热，进行分裂祖国活动的借口和幌子。

宗教具有国际性，这就使宗教常常与国际斗争和冲突相交织，构成国际关系和世界政治中的一个重要因素。世界各国都存在着国内外宗教问题相互交织的状况，这种状况既表现为国内外宗教之间的平等友好的交往，又表现为因为不能平等友好进行交往而导致的矛盾冲突。特别是一些国家的宗教势力向另一些国家强行传教往往会引发冲突。我国的宗教与国外宗教的矛盾，主要表现为境外势力利用宗教对我国进行的政治渗透和企图控制我国宗教的领导权。国内外宗教问题的交织往往渗透着经济、政治的因素，从而呈现出十分复杂的局面。

充分认识宗教问题的复杂性，及时了解国际社会解决宗教问题的经验教训，对于我们正确认识宗教问题，解决宗教事务具有一定的参考和借鉴作用。从国内外形势的发展变化出发，科学分析宗教问题，深刻认识宗教问题的特殊复杂性，正确把握宗教的活动规律是我们做好宗教工作，进行马克思主义宗教观教育，牢固树立马克思主义宗教观的重要前提。

观察世界和我国的宗教问题，最根本的是宗教存在的长期性；宗教是一种群众性的社会现象，做好宗教工作最根本的是做好信教群众的工作。观察，最根本的是要认识长期性；处理，最根本的是要着眼群众性。深刻领会两个“最根本”，对正确认识新形势下的宗教问题，切实做好新世纪的宗教工作，具有特别重要的意义。

深刻认识宗教的长期性，分析宗教问题才能把握规律性和复杂性。对反复出现、长期存在的东西，要特别注意把握其规律。深刻认识宗教的群众性，从事宗教工作才能找准立足点和出发点。对大量出现、普遍存在的东西，应特别注意掌握好政策。而认识宗教问题的“特殊复杂性”，方能避免简单化。

宗教的长期性要求我们对于处理宗教问题不能急于求成；宗教的群众性要求我们必须尊重群众的宗教信仰，宗教工作必须关注信教群众；宗教问题的特殊复杂性要求我们对于解决宗教问题必须十分谨慎，周密，不能采取简单粗暴的办法。

着眼宗教问题的“关键是群众性”，就要一切着眼于群众，尊重人民群众的自主选择，就要确定并认真贯彻宗教信仰自由政策。着眼宗教问题的“特殊复杂性”，就要坚持依法管理宗教事务，我们强调“坚持我国宗教独立自主自办的原则”，这也是我国广大信教群众的自觉选择。着眼宗教问题“根本是长期性”，我们强调，在社会主义初级阶段，宗教会长期存在，这个阶段的主要任务不是“削弱”宗教、“促退”宗教，而必须立足宗教长期存在甚至在某些地方、某些时候还会有所发展的现实，积极引导已经存在的宗教与社会主义社会相适应，促进其发挥积极作用。

中国特色社会主义宗教理论围绕着正确处理中国特色社会主义事业中的宗教问题展开，已经形成了成熟的理论体系，主要立足于“四个全面认识”：即全面认识宗教产生和存在的历史根源、社会根源、认识根源、心理根源；全面认识宗教在社会主义社会将长期存在的客观现实；全面认识宗教问题同政治、经济、文化、民族等方面因素相互交织的复杂状况；全面认识宗教对相当一部分群众有较大影响的社会现实，以宗教根本是长期性、宗教问题关键是群众性、特殊的复杂性为立论基础，在此基础上构建宗教工作根本宗旨和基本方针为核心内容的理论体系。

中国特色社会主义宗教理论是一个开放的、发展的科学理论，具有鲜明的时代特性和实践特性。中国特色社会主义宗教理论，源泉是实践，发展依据是实践，检验标准也是实践。实践发展永无止境，认识真理永无止境，理论创新永无止境。要在中国特色社会主义的伟大实践中，结合我国宗教状况的发展变化，以团结凝聚信教群众智慧和力量为目标，本着对当前管用、对长远有利的原则，坚持解放思想、实事求是、与时俱进、求真务实，一切从实际出发，及时总结宗教工作实践经验，做出新的理论概括。要注意借鉴我国历史上处理宗教问题的成功经验和国外的有益做法，吸取国外宗教学理论研究的优秀成果，但不能不顾国情一味照搬。要整合各方面资源，建立和完善社会化研究的平台和机制，壮大、优化宗教学研究队伍，发挥好统战、宗教工作部门研究力量和社会科学研究机构、高校以及社会等各方面研究力量的作用，做到资源共享，优势互补，形成合力，不断拓展宗教学研究的广度和深度，不断开创中国特色社会主义宗教理论的新境界。

第五章

全面贯彻党的宗教工作基本方针

宗教问题是我们党治国理政中的一个重要课题。宗教工作是党和国家工作中的重要组成部分，在党和国家事业发展的大局中有着重要地位。做好宗教工作，关系到加强党同人民群众的血肉联系，关系到推进两个文明建设，关系到加强民族团结、保持社会稳定、维护国家安全和祖国统一，关系到我国的对外关系。

党的宗教工作基本方针是党在运用马克思主义宗教观认识和处理我国宗教问题的长期实践中逐步形成的，既是对马克思主义宗教观的继承和发展，也是对我国宗教工作实践的科学总结，是基于对宗教存在的长期性、宗教问题的群众性和特殊复杂性的深刻认识而得出的必然结论。党的宗教工作基本方针是基于对于宗教和宗教问题规律的科学把握形成的，是处理现实宗教问题的工作原则。

改革开放以来，我们党着眼于国际国内形势的深刻变化，立足于推进中国特色社会主义事业，在处理社会主义初级阶段宗教问题的实践中发展了马克思主义宗教观，确立了宗教工作的“四句话”基本方针，即“全面贯彻党的宗教信仰自由政策，依法管理宗教事

务，坚持独立自主自办的原则，积极引导宗教与社会主义社会相适应”。这是我们党正确处理新形势下宗教问题的行动指南。

党的宗教工作基本方针有个形成和发展的过程。宗教工作基本方针首次提出，是在1993年全国统战工作会议上，当时只有著名的“三句话”：“全面贯彻党的宗教信仰自由政策，依法管理宗教事务，积极引导宗教与社会主义社会相适应。”这一方针，高屋建瓴、提纲挈领，得到了党内外包括宗教界的一致赞成和拥护。进入新世纪，对外开放进一步扩大，中国宗教界面临与境外敌对势力利用宗教进行渗透破坏活动的复杂斗争形势，坚持独立自主自办受到严峻考验。因此，在2001年全国宗教工作会议和2002年党的十六大报告中，增加了“坚持独立自主自办原则”，把党的宗教工作方针从“三句话”发展为“四句话”，后来又在“四句话”中把第三、第四句的顺序作了调整，体现了无论“依法管理”，还是“独立自办”，目的都是积极引导宗教与社会主义社会相适应。从而形成了较为完整、内在统一的宗教工作基本方针。

党的十七大报告中首次提出“全面贯彻党的宗教工作基本方针”，并将其写入新修改的党章，标志着党的宗教工作基本方针的正式确立。党的十八大再一次强调要“全面贯彻党的宗教工作基本方针，发挥宗教界人士和信教群众在促进经济社会发展中的积极作用”的要求，具有重大的理论和实践意义。

党的十八大关于宗教工作的重要论述，体现了近年来宗教工作理论和实践创新的成果，实现了党的宗教工作方针政策的与时俱进。因此，全面贯彻党的宗教工作基本方针，发挥宗教界人士和信教群众在促进经济社会发展中的积极作用，是做好新形势下宗教工作的根本要求；做好信教群众工作，是宗教工作的根本任务。

宗教工作基本方针的核心和实质，就是个人层面上的宗教信仰自由，尊重和保护每一个公民都有信教或不信教的自由，使宗教在这个意义上成为“个人的私事”，与社会层面上党和政府把握方向、维护大局的教育、管理、引导相结合。如果把个人与社会，微观与宏观，信仰自由与教育、引导、管理的关系抽象出来，我们对宗教工作基本方针核心和实质的理解就会更深入、更自觉。“全面贯彻宗教工作基本方针”中的“全面”，就是既要防止强调个人、微观层面的“信仰自由”，放松甚至放弃了社会、宏观层面的“教育、管理、引导”，同时也要防止在强调社会、宏观层面的“教育、管理、引导”时，忽视甚至不尊重个人、微观层面的“信仰自由”。强调“全面”的意义就在这里。衡量是否“全面”，要经过实践检验，重在实践效果。[①]

一　全面贯彻党的宗教信仰自由政策

尊重和保护公民的宗教信仰自由，是我们党和政府对待和处理宗教问题的一项长期的基本政策。《中华人民共和国宪法》第三十六条规定：“中华人民共和国公民有宗教信仰自由。任何国家机关、社会团体和个人不得强制公民信仰宗教或者不信仰宗教，不得歧视信仰宗教的公民和不信仰宗教的公民。国家保护正常的宗教活动。任何人不得利用宗教进行破坏社会秩序、损害公民身体健康、妨碍国家教育制度的活动。”

宗教信仰自由政策的主要内容有：第一，国家尊重公民的宗教

① 朱晓明：《认真学习十八大关于宗教工作的重要论述》，《中国民族报》，2012 年 12 月 18 日。

信仰自由，保护正常的宗教活动；宗教在国家法律、政策允许的范围内开展活动，不得干预行政、司法、教育等国家职能的实施。第二，国家对待各个宗教一律平等，一视同仁，国家政权不能被用来压制某种宗教，也不能用来扶持某种宗教，任何宗教都不能超越其他宗教在法律上享有特殊地位。第三，为了保障公共利益和包括信教者在内的全国各族人民的根本利益，政府依法对涉及国家利益和社会公共利益的宗教事务进行管理，但不干涉宗教团体内部事务；宗教组织也不能以政教分离为借口不服从政府的依法管理。第四，虽然实行政教分离，但信教公民同其他公民一样，享有同等的政治以及经济社会文化等方面的权利，不得因宗教信仰不同造成权利上的不平等现象。宗教组织的代表可以通过合法渠道参与政治生活。

（一）信教与守法的关系——权利和义务相统一的原则

宗教信仰自由是公民享有的一项基本权利。宗教信仰是由思想信仰和实践信仰构成的，在思想信仰层面的自由具有绝对性，在实践层面的信仰自由受法律保护和限制，具有相对性。公民在行使宗教信仰自由权利的同时，必须遵守国家的法律法规，履行自己作为公民对国家应尽的义务。

全面正确贯彻宗教信仰自由政策，这是党的宗教工作基本方针的首要内容。它是党和国家根据马克思主义宗教观，根据党的基本路线，为保护公民合法权益制定的，是为了尊重和保护宪法规定的公民宗教信仰自由的权利，是尊重人权的具体表现。宗教信仰自由是由权利和义务构成的统一体。一方面，尊重和保护宗教信仰自由，体现以人为本，尊重人权的理念，信仰宗教和不信仰宗教是宪法规定的公民的一项基本权利。另一方面，公民在行使宗教信仰自由权利的同时，

必须守法，履行自己对于国家的义务。任何人不得利用宗教反对党的领导和社会主义制度，危害国家统一、社会稳定和民族团结，不得损害社会、集体的利益，不得妨碍其他公民的合法权利。

公民有宗教信仰的自由，不论信教不信教都享有法律规定的权利，也必须履行法律规定的义务。宗教界人士和信教群众首先是中华人民共和国的公民，要把国家和人民的根本利益放在首位，既享有宗教信仰的权利，又承担遵守宪法、法律、法规和政策的义务。宗教信仰自由不等于宗教活动可以不受任何约束。宗教必须在宪法和法律规定的权利和义务范围内活动，任何人不得利用宗教反对党的领导和社会主义制度，宗教活动不得妨碍社会秩序、工作秩序和生活秩序。

党和政府一贯倡导，要在社会上形成一种讲团结、讲和谐的风气，信教的和不信教的群众之间要互相尊重、和睦共处。尤其是在不信教群众居多数的地方，要注意防止歧视和排斥信教的群众。党和政府还一再强调，任何人都不应到宗教活动场所进行无神论的宣传，或者在信教群众中发动有神还是无神的辩论；任何宗教组织和宗教徒也不要到宗教活动场所之外去传教布道、宣传有神论、散发宗教宣传品和非法出版物。这些主张和措施，都是为了促进和增强信教群众和不信教群众之间的团结合作，避免在群众之间因信仰问题而造成隔阂甚至对立，影响社会稳定，不利于社会主义建设事业。

（二）国家实行政教分离、宗教与教育相分离的原则

新中国建立后，党和政府按照宗教信仰自由的政策，在政教关系上实行的是政教分离的原则。“政教分离”是法国巴黎公社革命的一条重要经验，也是近代国家反对封建制度提出的一个口号。什么

叫政教分离？政教分离是指国家政权禁止对某一特定宗教的特殊照顾；禁止依靠国家政权进行某种宗教活动。事实上“政教分离”，只是指宗教与政权相分离，并不能包括政治与宗教的完全脱离。对政教分离不能从绝对的意义上去理解。一般地说，政教分离的内容和程度同各国的具体历史背景有直接的关系。那种把政教分离看作是宗教与政治完全脱离的想法是不切实际的。在政治上，党和政府要求宗教界做到“四个维护”，要求宗教界人士和信教群众从事的宗教活动要服从和服务于国家的最高利益和民族的整体利益。信教和不信教的公民，都不能以任何借口反对党的领导、社会主义制度，危害国家安全。宗教界要以关心国家的兴旺、民族的强盛为己任，以国家的最高利益和民族的整体利益为最重。宗教活动服从和服务于国家的最高利益和民族的整体利益，集中体现在坚持“四个维护”，即维护法律尊严，维护人民利益，维护民族团结，维护祖国统一。这“四个维护”体现了党和政府对宗教界的基本要求，反映了宗教界人士和信教群众的普遍共识，是所有宗教团体、宗教界人士必须遵循的行为准则。国家保护公民的宗教信仰自由，但公民也必须坚持不利用宗教干预国家行政、司法、教育、婚姻等，履行国民义务教育的责任。

坚持宗教信仰自由和政教分离，在学校教育中要坚持教育与宗教相分离的原则。依据我国有关法律规定，任何人和任何组织不得利用宗教干预学校教育和社会公共教育，不得利用宗教进行妨碍实施义务教育的活动，不得在校内进行宗教活动。学校有责任对学生进行无神论教育，使学生树立科学的世界观。在群众普遍信教的民族地区，要注意发挥宗教界爱国人士关心和支持教育的积极性

1983 年 2 月，中共中央办公厅、国务院办公厅转发了教育部

《关于正确处理少数民族地区宗教干扰学校教育问题的意见》，强调：为了正确地、全面地贯彻党的宗教政策，处理好宗教干预教育、冲击学校的问题，必须坚持宗教与教育分离的原则和宗教不得干预教育的原则。教育部在《关于正确处理少数民族地区宗教干扰学校教育问题的意见》中强调，除按中共中央《关于我国社会主义时期宗教问题的基本观点和基本政策》中有关政策规定举办的宗教学校外，在普通学校应当明确规定“六点不得”以保障学校正常开展教育教学工作。“六点”中包括：（1）不得在学校向学生宣传宗教，灌输宗教思想；（2）学校不得停课集体进行宗教活动；（3）不得强迫学生信仰宗教，不得强迫他们当和尚、喇嘛或满拉等；（4）不得以任何形式在学校开设或讲授宗教课；（5）不得利用宗教干扰或破坏学校的正常教学秩序；（6）不得以任何形式干扰或阻挠学校向学生进行马列主义、毛泽东思想教育和科学文化教育。[①]

新世纪以来，《国务院关于深化改革加快发展民族教育的决定》（国发［2002］14号）指出，新时期民族教育工作的基本方针和原则之一就是：“坚持宗教与国民教育相分离的原则，认真执行《中华人民共和国宪法》、《中华人民共和国民族区域自治法》等法律规定，任何组织和个人不得利用宗教干预国民教育，不得以任何形式在学校宣扬宗教；鼓励宗教界爱国人士在信教群众中宣传党的教育方针和科教兴国战略，动员适龄儿童入学，调动信教群众支持办好国民教育方面的积极性。同时，对各族师生进一步加强无神论和唯物主义的教育，弘扬科学精神、传播科学思想、倡导科学方法、普

① 中共中央办公厅、国务院办公厅转发教育部《关于正确处理少数民族地区宗教干扰学校教育问题的意见》（1983年2月17日）。

及科学知识、树立科学世界观，不断增强各族师生自觉抵御封建迷信和邪教影响的能力。”

（三）党的宗教信仰自由政策的实质

从理论上说，宗教信仰自由政策本来是宗教工作基本方针的重要内容，包括了信仰宗教和不信仰宗教两个方面的自由。尊重和保护这两个方面的自由，才是“全面”贯彻宗教信仰自由政策。但是，从实践上看，强调“宗教信仰自由”，容易在一部分干部、群众中产生“宗教信仰自由”是“只有信仰宗教的自由”，而没有“不信仰宗教的自由”的误读和误解。

宗教信仰自由，就是说：每个公民既有信仰宗教的自由，也有不信仰宗教的自由；有信仰这种宗教的自由，也有信仰那种宗教的自由；在同一宗教里面，有信仰这个教派的自由，也有信仰那个教派的自由；有过去不信教而现在信教的自由，也有过去信教而现在不信教的自由。国家保护正常的宗教活动。任何国家机关、社会团体和个人不得强制公民信仰宗教或不信仰宗教，不得歧视信仰宗教的公民和不信仰宗教的公民。信教和不信教的群众之间，信仰不同宗教和不同教派的群众之间，都要彼此尊重，相互团结。在多数群众不信教的地方，要注意尊重和保护少数信教群众的权利；在多数群众信教的地方，要注意尊重和保护少数不信教群众的权利。

宗教信仰自由政策的实质，就是要使宗教信仰问题成为公民个人自由选择的问题，成为公民个人的私事。这是中国共产党依据马克思主义对待宗教问题的一条基本原则，也是宪法赋予公民的一项基本权利。公民选择信仰宗教或不信仰宗教，对国家而言，完全是个人的私事，不得进行干涉和加以限制。贯彻执行宗教信仰自由政

策，处理一切宗教问题的根本出发点和落脚点，是使全体信教和不信教的群众联合起来，把他们的意志和力量集中到建设现代化的社会主义强国这个共同目标上来。

二 依法管理宗教事务

宗教不仅仅是精神信仰，还表现为亿万宗教徒的社会活动和组织，对这些必须依法进行管理，这是实施依法治国方略的必然要求，是政府管理社会事务的一项重要职责。

宗教是由宗教意识、宗教制度、宗教礼仪、宗教活动、宗教设施等多种要素组成的复杂体系。宗教不仅是一种思想意识，一种观念形态，还是一种社会现象，一种社会实体，是社会的组成部分，对社会产生影响。宗教方面涉及国家利益、社会公共利益的关系和行为，以及社会公共活动涉及宗教界权益的关系和行为，必须纳入依法管理范围，不能以宗教信仰自由和政教分离为借口，放弃和摆脱国家对于宗教事务的管理。依法管理宗教事务的要旨是保护合法，制止非法，抵御渗透，打击犯罪。

“依法管理宗教事务”是由宗教的社会实体属性决定的。宗教不仅是一种社会意识形态，还是社会实体。宗教作为由宗教仪规和宗教活动场所、宗教社团、稳定的信教群众共同组成的社会组织，具有社会实体的属性。宗教活动在社会中进行，必然会涉及社会公共利益和国家利益，属于特殊的社会公共事务。判断宗教事务的关键在于看其是否具有社会公共性质，其尺度在于衡量其涉及公共利益的程度。

事实上，宗教实体必然与其他社会实体或社会整体之间发生关

系，宗教活动对社会公共利益、对国家利益都有着密切关系。宗教是在现行社会秩序内活动，就必须受现行社会秩序的约束和规范。宗教事务是社会事务的一个重要组成部分，因此，政府依法对宗教事务进行管理，是依法对社会事务进行管理的一个重要组成部分，是履行正常的职责，不仅是非常必要的，也是十分自然的，古今中外概莫能外。依法管理宗教事务，是指政府根据宪法和有关法律、法规及规范性文件，对宗教方面涉及国家利益、社会公共利益的关系和行为，以及社会公共活动涉及宗教界权益的关系和行为的行政管理。

（一）正确理解依法管理宗教事务

正确理解宗教事务的内涵与本质，树立起正确的宗教法治观念，是提高依法做好宗教工作能力的前提。要依法加强对宗教事务的管理，但究竟什么是宗教事务？如何管理宗教事务？实践中还需要进一步澄清。就宗教事务而言，它与宗教信仰关系密切，但又不能划等号。它可以分为三个相关的层次：第一个层次是人们头脑中的宗教信仰问题。对人们头脑中的东西，只能循循善诱，做思想工作，而不属于政府行政管理的范围。第二个层次，是假借宗教名义触犯法律构成犯罪的问题，这应该由司法部门依法追究其刑事责任，也不属于政府行政管理的范围。第三个层次是宗教事务问题。宗教事务包括两类，一类是宗教团体的内部事务，一类是具有社会公共性质的外部事务，这一类属于政府行政管理范围。判别宗教事务是否具有社会公共性质，标准在于衡量其涉及社会公共利益的程度。就我国而言，任何人、任何团体，包括任何宗教，都必须维护人民利益，维护法律尊严，维护民族团结，维护祖国统一。这“四个维护”具有最基本的社会公共性质，涉及最重要的公众利益。宗教方面凡

是与“四个维护”相关的事务，都属于宗教事务管理的范围。

可见，“宗教事务管理”中的“宗教事务”是指宗教外部事务，是指宗教作为社会实体而产生的涉及社会公共利益的各种关系、行为或活动。而依法管理宗教事务，是指政府根据宪法和有关法律、法规及规范性文件，对宗教方面涉及国家利益、社会公共利益的关系和行为，以及社会公共活动涉及宗教界权益的关系和行为的行政管理。依法管理宗教事务的要旨是保护合法，制止非法，抵御渗透，打击犯罪。依法管理宗教事务是全面、正确贯彻宗教信仰自由政策的要求和体现，是宗教与社会主义社会相适应的必然要求，也是我们国家社会主义民主和法制建设的重要内容。

所以，这里讲的“依法管理”就要做到：第一，有法律依据，包括宪法、基本法律、行政法规、地方性法规以及宗教法规与政策的依据。第二，通过行政决策、行政组织、行政咨询、行政执行等环节落实。第三，作为政府宗教事务部门的依法行政，既包括我们“依法行政”的一面，也包括广大宗教界人士和信教群众“参政”的一面。要积极为宗教界人士和信教群众参与管理开辟有效的形式和途径，充分发挥宗教界人士、信教群众和宗教团体的积极作用，增强其自我管理能力。第四，有群众观念和服务意识。宗教工作干部要深刻领会马克思主义宗教观和马克思主义群众观的一致性，乐于和善于做群众工作。第五，以团结为重，尽可能地团结一切可以团结的力量，调动一切积极因素，巩固和扩大党同宗教界的爱国统一战线，使广大信教群众和不信教群众团结起来，把他们的意志和力量集中到建设中国特色社会主义和中华民族复兴的伟大事业上来。①

① 杨合理：《着力提高党和政府依法管理宗教事务能力》，《中国民族报》，2012年12月18日。

按照依法治国的要求，依法管理宗教事务，本质上是广大人民群众（包括信教群众）在党的领导下，依照宪法和法律规定，通过各种途径和形式管理一个方面的社会事务。“管理”要有群众观点和服务意识，要以团结为重。宗教工作干部要乐于和善于做群众工作，满腔热情地为广大宗教界人士和信教群众服务，维护他们的合法权益。

依法对宗教事务进行管理，是指政府对有关宗教的法律、法规和政策的贯彻实施进行行政管理和监督。宗教事务管理作为公共管理，有两个要求：一是依法管理，健全法制是关键；二是保证宗教活动健康有序。社会主义和谐社会要求宗教事务必须遵循健康有序的轨道发展，必须同社会主义和谐社会的建设相一致，同改革开放和现代化建设的目标相一致。

第一，政府对宗教事务的管理必须依据宪法和有关法律、法规及规范性文件进行。宗教必须在法律、法规和政策的范围内活动，政府宗教事务部门必须依法行政和依法管理。政府宗教事务部门依法行政，是为了维护公民（包括信教的和不信教的群众）的合法权益。

第二，依法对宗教事务进行管理是政府对有关宗教的法律、法规和政策的贯彻实施进行行政管理和监督。不能把对宗教事务的管理同宗教信仰自由对立起来。政府对宗教事务的管理，首先是要依法保护宗教团体和宗教活动场所的合法权益，保护宗教教职人员履行正常的教务活动，保护信教群众正常的宗教活动。同时，也要通过依法管理，实现宗教活动的规范化，妥善处理宗教方面的人民内部矛盾，坚决制止敌对势力和不法分子打着宗教旗号进行违法犯罪活动，抵御境外势力利用宗教进行渗透。依法管理宗教事务的要旨，

是保护合法，制止非法，抵御渗透，打击犯罪。

第三，对宗教事务进行管理，是为了使宗教活动纳入法律、法规和政策的范围，不是去干预宗教团体的内部事务。实现宗教活动的正常化，符合国家和社会的利益，也符合各宗教的利益。要实现宗教活动正常化，除加强政府对宗教事务的依法管理，还要依靠各爱国宗教团体发挥积极作用，自主地处理好自己的事情，加强自我教育和自我管理。没有这两个方面的结合，依法管理就达不到预期的目的。因此，对宗教事务进行管理本身就要求支持和鼓励宗教团体办好自己的内部事务，而不是去包办或干预。当然，宗教团体的自主管理，也不能超越国家法律法规，违反现行政策规定，政府对此负有依法监督责任。

（二）按照依法治国的要求正确处理宗教问题

1982 年中央印发的 19 号文件（即《关于我国社会主义时期宗教问题的基本观点和基本政策》）指出："为了保证宗教活动的进一步正常化，国家今后还将按照法律程序，经过同宗教界代表人士充分协商，制定切实可行的宗教法规。"为宗教工作法制化作出了规划。

20 世纪 90 年代，国务院出台了两个规范宗教事务的单项法规。本世纪以来，又颁布了一系列规范宗教事务的法规，逐步实现了宗教工作的法制化。2004 年国务院发布了《宗教事务条例》，这是在新世纪新阶段国家推进依法治国，在宗教法制建设上的一个里程碑。尽管如此，《宗教事务条例》只是由国务院签发的行政法规，并不是一个有关宗教的基本法律。完善关于宗教的法律法规体系，就需要出台一个承接《宪法》和《条例》的宗教法。而且，《宪法》和

《条例》中对宗教问题只是做出了原则性的规定，缺乏实践的可操作性。具体的宗教管理工作，需要制定相关配套的一些具有可操作性的法律法规。譬如国家宗教事务局 2005 年颁布的《宗教活动场所设立审批和登记方法》，2006 年颁布的《宗教教职人员备案办法》和《宗教活动场所主要教职任职备案办法》，2007 年颁布的《藏传佛教活佛转世管理办法》和《宗教院校设立办法》等。仅有这些还远远不够，如何管理宗教团体的法律地位与财产权归属，如何管理互联网络宗教活动等，都需要进一步制定相关的法律法规。

依法治国要求我们的各项工作必须纳入法治的轨道，做好宗教工作也要坚持依法办事。党的十八大报告指出："党的领导需要提高党科学执政、民主执政、依法执政水平……更加注重发挥法治在国家治理和社会管理中的重要作用。"这一科学论断为我们党提高依法管理宗教事务能力指明了方向与途径。党的十八大提出"依法治国"的治国方略，依法管理宗教事务也已经成为共识。

党的十八大以来，以习近平同志为总书记的党中央进一步提出了以法治思维和法治方式管理社会事务、实现国家治理体系和治理能力现代化的要求。党的十八届四中全会通过的《中共中央关于全面推进依法治国若干重大问题的决定》提出："全面推进依法治国，总目标是建设中国特色社会主义法治体系，建设社会主义法治国家。"我们必须按照全面深化改革的要求加大宗教立法和执法力度，在新的历史起点上推进宗教工作法治化、现代化。

2015 年全国宗教工作会议强调要推进宗教工作法治建设。依法管理宗教事务，是依法治国和建设法治政府的必然要求，是新形势下处理复杂宗教问题的有效途径。以法治的方式推进宗教工作，要更加重视法治在宗教事务管理中的保障作用，继续推进宗教工作法

治建设，根据经济社会发展对宗教工作提出的新要求，研究宗教领域的新情况新问题，及时将成熟有效的政策措施转化为法规规章。

（三）坚持用法治思维和法治方式处理宗教问题

我国宗教信仰自由的宪法保障既具有自己的特色和优势，又存在一些有待进一步改进、完善的方面。完善依法管理宗教事务的法律法规，具体表现为完善行政法规、部门规章及其实施细则、地方性的宗教法规和政府规章。同时，通过启用宪法监督的制度，消除地方性宗教法规和其他法律条款中与宪法相矛盾的部分，实现法制的统一性，从而更好地保障宗教信仰自由的实现。

要推进宗教工作法治建设，加强宗教干部队伍建设。要把加强宗教方面的法治建设和提高立法质量很好地统一起来。按照坚持党的领导、充分准备、有计划有步骤进行的原则，积极稳妥地推进全国和省级宗教工作法治建设。目前要着重制定行政法规和地方性法规；抓紧研究制定必要的部门规章。还要抓好执法、普法工作。同时，要继续发挥政策对宗教工作的指导作用。重视政策研究，坚持基本政策，完善具体政策。

在我国现实的法律环境中，依法管理宗教事务，只有确认宪法基本权利的直接效力，公民才能在宗教信仰自由权利以及相关权利被侵害时提起司法诉讼。条件成熟时，信教公民应可以直接通过普通法院提起宪法诉讼，保障自身宪法诉权的实现，如此才能最终实现对公民的宗教信仰自由权利的宪法保护。同时，在通过司法诉讼程序解决有关宗教信仰自由的纠纷时，应当牢牢把握宗教信仰自由原则的法律界限：第一，任何一个人的信教自由不得妨害其他任何个人的信教自由，其背后的法理基础是人人平等的理念。第二，宗教信仰自由不得侵害其他公民的自由权利。第三，宗教信仰自由不得破坏整个社会（一个国家或整个世界）成员幸福所必需的其他价值理想。而且，在不违背这三个大原则前提下的宗教信仰自由，不能也不应该受到国家行政权力的干预。

在我国今后的宗教工作法治建设特别是宗教信仰自由宪法保障进程中，一方面应当继续保持自己的特色，发挥自己的优势，另一方面又应充分借鉴联合国国际人权标准，更多地体现现代社会尊重和保护人权的要求。在处理涉及宗教的社会问题的时候，应当牢牢把握住法律根据与人权的标准，既依法管理宗教事务，又保护宗教信仰自由，使我国宗教事业和人权事业同时取得更大的发展与进步，从而实现国内、国际社会的和谐发展。

依法管理宗教事务在实践中最终体现为宗教执法，宗教执法的好坏直接影响到是否能做到依法管理宗教事务。完善宗教执法要求：(1) 重视宗教执法工作，建立健全宗教事务管理部门，加强宗教事务管理部门的建设。县以上各级政府应当设立宗教工作机构，配备专职工作人员，不能再挂靠统战部门，因为统战部门是党委的工作部门，不具有执法权和执法主体资格。有宗教工作任务的乡镇要有专人分管宗教工作，任务重的要配备专职干部。(2) 明晰宗教执法权限，加强执法的法律、政策、物质和舆论保障。各级党委和政府要重视宗教执法工作，支持执法人员开展执法工作。加强宗教执法的法律保障，明晰宗教执法权限；加大对宗教事务部门的财政投入，加强执法物质保障；重视执法思想宣传，提高全社会对宗教执法重要性的认识，加强舆论保障。(3) 严格执法。明确执法部门的执法责任，加强执法监督，从根本上切实扭转对执法工作不利的政策、体制与环境。严格执法应当坚持以下基本原则：第一，以事实为根

据，以法律为准绳；第二，公民在适用法律上一律平等；第三，实事求是，有错必纠。依据法律，实现行政、司法、人大、群众、新闻媒体、社会等多渠道监督相结合，追究那些在执法中侵犯公民宗教信仰自由的行为人的法律责任。(4) 加强宗教执法队伍建设，提高宗教执法人员素质，根据新的形势和任务，培养宗教执法人员的全局观念、世界眼光、创新精神、服务意识和严谨的作风，更为重要的是执法人员应具有丰富的宗教知识，才能正确认识宗教现象。

三　坚持独立自主自办的原则

坚持独立自主自办的原则涉及到我国宗教与国外宗教的关系，与国家的主权问题密切相连。《中华人民共和国宪法》第三十六条明确规定：我国“宗教团体和宗教事务不受外国势力的支配”。在独立自主、和平友好、互相尊重的基础上，积极发展同世界各国宗教界的友好往来，但不允许别国干涉我国的宗教事务。

独立自主自办原则的主要内容是：中国教会不依附任何外国组织和势力，不接受外国组织和势力的支配和干涉；宗教徒作为中国公民，既有信教自由的权利，又有爱祖国的责任和义务；中国教会和宗教徒在政治上要维护国家的主权、民族的尊严，维护全国人民的根本利益。在宗教事务上，独立决定自己的宗教事务，与外国宗教组织平等相待和友好交往。

(一) 坚持独立自主自办原则的必要性

实行独立自主自办，是当今各国通行的做法，也是从我国的国情、教情出发的必然结论，是抵御境外利用宗教进行渗透活动的需要。

我国宗教实行独立自主自办教会的原则是基于我国曾经长期遭受帝国主义侵略和掠夺，有的宗教被帝国主义控制和利用的历史事实，是我国信教群众作出的自主选择。

我国现有的各主要宗教，除道教是我国“土生土长”的宗教外，其他各宗教，即佛教、伊斯兰教、天主教和基督教，都是历史上由国外传入的。新中国建立前，特别是自1840年鸦片战争以后的一百余年的历史上，中国的天主教、基督教一直被外国殖民主义和帝国主义所利用、所控制，处在一种殖民的状态，被称作“洋教”。新中国建立后，中国基督教、天主教分别开展了轰轰烈烈的三自革新运动和反帝爱国运动，实现了独立自主、自办教会和自治、自传、自养，成为中国教徒自办的宗教事业。这一局面的形成，使多少代中国宗教界人士的梦想成真。因此，中国宗教组织和宗教人士特别珍惜这一来之不易的奋斗成果。现在，独立自主自办已成为中国各宗教处理对外关系的一项不可动摇的原则。我国宪法规定的中国的宗教团体和宗教事务不受外国势力支配就是坚持独立自主自办原则的体现。

“独立自主自办”原则是指中国的宗教事业由中国的宗教徒自主办理，不受外国势力的支配和控制。这一原则是由宗教的群众性、国际性，以及宗教传播特点所决定的。

现代社会宗教传播呈现出世俗化和极端化两种趋势。宗教世俗化使宗教信仰和宗教制度祛魅化，宗教逐渐适应世俗的价值，更加关注现实的社会。宗教极端化主要表现为宗教原教旨主义出现了活跃的情形，在两种趋势共同作用下，由民族、宗教问题引发的国际争端不断增加，宗教因素在国际地缘政治中的影响和作用也日渐突出。宗教的群众性和国际性，使其极容易被一些政治力量所操控和

利用，既可能成为落后民族争取自身权利和利益的旗帜，也可能成为某些大国达到特定政治目的的手段和工具，利用宗教进行政治渗透就是其表现形式，独立自主自办原则是避免这些问题的重要手段。

（二）抵御境外势力利用宗教进行的渗透

利用宗教进行渗透，是指境外团体、组织和个人利用宗教从事各种违反我国宪法、法律、法规和政策的活动和宣传，与我争夺信教群众，争夺思想阵地，企图“西化”、分化中国。在扩大开放的形势下，必须深刻认识做好抵御境外渗透工作的极端重要性和紧迫性，进一步切实有效地抵御渗透。绝不允许任何境外宗教势力重新控制我国的宗教，绝不允许任何境外宗教团体和个人干预我国宗教事务，绝不允许任何境外宗教组织用任何方式在我国传教。西方敌对势力把民族、宗教问题作为对中国实施“西化”、“分化”战略的重要突破口，加紧利用宗教对我进行渗透。必须遵循宪法有关宗教团体和宗教事务不受外国势力支配的规定，坚持独立自主自办的原则，在扩大对外开放的条件下坚决抵制境外利用宗教进行的渗透活动。

利用宗教进行渗透通常表现为以下三个方面：一是利用宗教进行民族分裂活动。境外民族分裂势力利用宗教进行分裂国家的活动，是境外势力利用宗教进行渗透的一个突出表现。他们支持达赖集团和“三股势力”，打着宗教旗号欺骗裹胁群众，煽动宗教狂热，制造社会动乱，企图颠覆我国政权和社会主义制度，破坏国家统一、领土完整和民族团结。二是干涉我国宗教的内部事务。一些外国宗教组织企图重返我国，恢复旧有的隶属关系和在宗教上的特权，重新控制我国的宗教。他们打压、分化我国的爱国宗教力量，培植地下势力和代理人，控制我国的宗教团体，干涉我国的宗教事务，在我

国境内建立宗教组织和活动据点、发展教徒，企图争夺我国宗教的领导权。三是在我国境内非法进行传教活动。境外势力与一些宗教组织相互勾结，向经济、文化、教育、社会福利等领域寻找突破口，在我国境内面向各个阶层非法进行传教活动，有计划、有组织地进行渗透，发展骨干，培植势力，企图占领我国“灵魂阵地”。一些宗教组织和个人利用宗教对我国各高校进行渗透，通过组织学生团体等形式，在校园进行非法传教活动，近年来有愈演愈烈的趋势。[①]

（三）坚持独立自主自办的原则的实质

坚持独立自主自办的原则的实质是：中国基督教、天主教接受中国共产党的领导，拥护社会主义制度，把自己的根本利益与全国人民的根本利益一致起来，以实现真正的宗教信仰自由。虽然独立自主自办原则的提出和确定，与中国基督教、天主教有着密不可分的历史联系。但是随着时代的变迁，随着我国实行对外开放政策和中国教会国际交往日益增多，国际环境日益复杂，国外势力从未放弃对中国的宗教渗透和干涉的新形势下，这个原则不仅中国基督教、天主教要继续坚持，也同样适用于包括佛教、道教、伊斯兰教等在中国的各种宗教，即坚持独立自主自办的原则已成为中国各个宗教都要遵循的共同原则。

当今世界各国都重视发挥宗教在凝聚人心、增进认同以及提高国际影响力中的作用。在对外开放不断扩大的形势下，我国各宗教的对外友好交往日益发展，宣传了我国的宗教信仰自由政策，增进

① 国家宗教事务局党组理论学习中心组：《中国特色社会主义宗教理论学习读本》，宗教文化出版社，2013年12月版。

了同各国人民之间的了解，已成为我国人民外交的一个重要组成部分。坚持独立自主自办原则，并不是搞自我封闭，而是为了使对外交往得以正确地、健康地开展，有利于反映我国宗教的真实情况，营造良好的国际关系，为我国的发展争取一个宽松的国际环境。要鼓励和支持宗教界在独立自主、平等友好、互相尊重的基础上开展对外交往，增进与各国人民及宗教界的相互了解和友谊，为维护世界和平做出积极贡献。当然，对于一切干涉、控制中国宗教的企图和行为，对于一切利用正常宗教交流进行渗透破坏的，中国政府和中国各宗教是坚决反对的。因为这不仅有悖于我国各宗教的意愿，也违背各国间宗教交往的平等原则，当然不能接受。

四　积极引导宗教与社会主义社会相适应

积极引导宗教与社会主义社会相适应是中国特色社会主义宗教理论的集中表现。全面正确地贯彻宗教信仰自由政策，国家依法管理宗教事务，坚持独立自主自办的原则，巩固和发展对宗教界的爱国统一战线，目的都是为了积极引导宗教与社会主义社会相适应。

积极引导宗教与社会主义社会相适应，从理论上来说是中国共产党对马克思主义宗教观创新的集中表现，从实践上说，构成了党和政府宗教工作基本方针的重要内容，也是处理好社会主义时期宗教问题的大原则大方向。

“积极引导宗教与社会主义社会相适应”理论的形成和发展，在马克思主义的发展史上，第一次科学地阐明了宗教与社会主义社会的关系问题，阐明了在社会主义条件下宗教可以与社会“相适应”的规律。这既是卓有成效的实践创举，也是我们党坚持马克思主义宗教观，并根据我国社会和宗教状况的发展变化，以解决实际问题为中心，不断总结宗教工作新的实践经验，作出的科学论断和理论概括。

（一）宗教与社会主义社会相适应的必要性

新中国成立以后，我们党在探索社会主义道路的过程中，对宗教与社会主义社会的关系在理论上和实践上进行了有益的探索，虽然经历了曲折的过程，但最终得出了积极引导宗教与社会主义社会相适应的科学论断。它的理论依据就是历史唯物主义关于经济基础和上层建筑相互关系的原理。“积极引导宗教与社会主义社会相适应”在理论上的根据就在于宗教在庞大而复杂的社会结构中基本上属于上层建筑的范围。宗教虽然采取了超人间力量的神秘主义的形式而更远离物质经济基础，但归根结底，必须服从于经济基础和政治上层建筑这一客观规律，依赖、适应于一定社会的经济制度和政治制度，并为之服务。

其历史的根据，就在于各种宗教必然与社会相适应，这是社会历史发展的事实。宗教在原始社会产生以后，便随着社会形态的变迁而改变着自己的性质和形式。这种性质和形式的改变正是适应社会发展需要的结果。其现实的根据，就在于社会主义社会的发展同样要求宗教与其相适应。如果宗教与社会主义社会不相适应，就会发生冲突，既不利于国家，也不利于宗教自身的进步。

宗教与社会主义社会相适应是由宗教在社会中的位置和地位决定的。宗教与社会相适应是人类历史发展的事实。从社会主义社会的发展和宗教自身的现实利益及前途来看，也要求宗教与社会主义社会相适应。我国现在处于社会主义社会的初级阶段，宗教作为我

国各民族中普遍存在的一种社会现象，还将长期存在，宗教具有的长期性、群众性、民族性、国际性和复杂性的特点仍然还十分鲜明。宗教方面的这一国情，就是我们正确认识和处理宗教与社会主义社会相互关系的出发点。如果关系处理不好，宗教与社会主义社会不相适应，就会发生冲突，既不利于国家，也不利于宗教的健康发展和进步。

改革开放以来，经过经济社会制度的深刻改造和宗教制度的重大改革，我国的宗教状况发生了根本变化，各宗教走上了与社会主义社会相适应的正确道路。“相适应”的提出肯定了宗教已经与社会主义社会有了共同的基础，可以成为社会主义社会一个发挥积极作用的组成部分；也指出了现实中的宗教还有与社会主义社会不相适应的问题，所以需要引导。宗教是引导的对象而不是消灭的对象，信教群众是建设中国特色社会主义的积极力量而不是异己力量。共产党人的宗教工作不应是被动应付的，而是积极主动的，发扬宗教中的积极因素、正面价值，缩小其消极因素、负面价值。

争取、团结和教育宗教界人士，有计划地培养年轻一代的爱国宗教职业人员，充分发挥爱国宗教团体的作用，也是积极引导宗教与社会主义社会相适应的重要内容之一。要继续在宗教界开展社会主义、爱国主义、集体主义教育，引导宗教界通过学习中国历史，特别是中国近现代史，充分认识走中国特色社会主义道路的历史必然性，更加坚定对中国特色社会主义的理论自信、道路自信、制度自信。要支持宗教界总结探索各宗教兴衰荣辱的客观规律，更加深刻地认识到，只有中国共产党的领导，只有社会主义制度，才能实现真正的宗教信仰自由，才能为各宗教的健康发展提供坚强的制度保障，才能有中国宗教今天的良好局面，从而更加坚定走中国特色

社会主义道路的信念和决心。

宗教与社会主义社会相适应主要是指宗教要适合或符合社会主义社会的需要。“相适应”基本的要求是宗教界和信教群众要爱国守法，宗教活动要在国家的法律法规政策允许的范围进行。高层次的要求则是要求宗教界能比较自觉地根据社会的发展调节自身，将自己的发展和进步和建设中国特色社会主义事业的大目标一致起来，自觉地服从国家的和中华民族的最高利益。

“相适应”是建立在政治法律的基础上的。宗教与社会主义社会相适应，就是要自觉遵守国家法律法规，努力维护社会稳定、民族团结和祖国统一。要努力使宗教界人士和信教群众在拥护中国共产党的领导和社会主义制度、热爱祖国、维护祖国统一、促进社会和谐等重大问题上增进共识。这是党对宗教界人士和信教群众的政治要求，也是党与他们团结合作的政治基础。

党和国家反复强调，宗教与社会主义社会相适应，不是要求宗教徒放弃有神论的信仰，而只要求宗教徒热爱祖国，拥护社会主义制度，拥护共产党的领导，遵守国家的法律法规。这种相适应，“并不要求宗教信徒放弃有神论的思想和宗教信仰，而是要求他们在政治上热爱祖国，拥护社会主义制度，拥护共产党的领导”，要求“改革不适应社会主义的宗教制度和宗教教条，利用宗教教义、宗教教规和宗教道德中的某些积极因素为社会主义服务”。[1] 也就是说引导相适应并非要宗教界人士和信教群众放弃宗教信仰，而是要主动适应社会主义社会，为社会主义社会服务，在各方面适应时代的要求，体现与社会主义社会的一致性。

① 《新时期宗教工作文献选编》，宗教文化出版社，1995 年版，第 254 - 255 页。

宗教与社会主义社会相适应，就是要求宗教界和信教群众爱国守法，要求宗教活动服从和服务于国家的最高利益和民族的整体利益。党和政府要支持宗教界努力对宗教教义作出符合社会进步的解释；支持宗教界反对一切利用宗教进行危害社会主义祖国和人民利益的非法活动，为民族团结、社会发展和祖国统一多做贡献。

（二）积极引导宗教在各方面适应社会主义社会

我国是社会主义国家，我国的宗教是在社会主义社会中存在和活动的，因而必须与社会主义社会相适应。这既是社会主义社会对我国宗教的客观要求，也是我国各宗教自身存在和发展的客观要求。

在政治方面，引导宗教组织和信教群众爱国爱教，坚持做到“四个维护”，即维护法律尊严，维护人民利益，维护民族团结，维护国家统一，在国家宪法、法律和政策允许的范围内活动。

在经济方面，要教育和引导信教群众继续深入学习党的路线、方针和有关经济政策，把他们的意志和力量调动到发展经济、增加收入、脱贫致富上来。要积极引导信教群众学习和掌握科技知识，增加科技含量，不断增强自身发展能力；要引导信教群众结合各自实际，选准发展路子，找准发展位置，放心、放手、放胆地大力发展个体经济、私营经济，使广大信教群众的物质生活富裕起来。同时，要引导信教群众严格遵守国家法律法令，遵守国家经济政策，公平竞争，守法经营，照章缴税，关心社会公益事业，为国家和社会多做贡献。

在思想信仰方面，要求信教与不信教、信仰不同宗教的人都要团结起来，互相尊重。处理不同信仰人们之间的关系，只能坚持“政治上团结合作，信仰上互相尊重”的原则。此外，要引导信教群

众的宗教行为和宗教礼仪有利于维护正常的生产生活秩序，有利于人们的身心健康，有利于法律、法规和各项政策的贯彻落实。

在文化方面，应当支持宗教界保护和弘扬宗教的优秀文化成果。社会主义文化是在继承传统文化的基础上发展起来的，中国各宗教的文化是中国传统文化的重要组成部分，应引导宗教界继承和弘扬宗教的优秀文化。同时，宗教场所也应当成为倡导人们学习现代科学文化知识的场所，教职人员应当成为宗教优秀文化的传播者和现代科学文化知识的宣传者。

在道德方面，要引导宗教组织和信教群众弘扬宗教道德中的积极因素，为提高全民族的思想道德素质做出积极贡献。我国各宗教界所倡导的宗教伦理道德有很多止恶扬善的内容，如佛教的庄严国土、利乐有情、众上奉行、自净其意，天主教的荣主益人，道教的慈爱和同、济世渡人，伊斯兰教的两世吉庆、爱国爱教，基督教的善言善行、作盐作光等，这些伦理道德都体现了各宗教蕴含着丰富的服务社会、造福人类的道德修养资源。各宗教经典、教规教义中劝人为善等积极因素和优良美德，是与具有中国特色社会主义新文化的内核与精神相一致的，也是与社会主义社会的思想道德相适应的，应该继续支持宗教界将之遵循并发扬光大。[①]

“相适应”是全面的，包括经济上、政治上和思想文化方面，也包括如何挖掘宗教教义，特别是宗教道德中的积极因素，以适应社会主义社会。2001 年召开的全国宗教工作会议全面阐述了积极引导宗教与社会主义社会相适应的内涵，概括起来，就是“两个要求”

① 徐祖荣：《社会转型对宗教的影响与宗教的适应》，《中国民族报》，2012 年 7 月 13 日，引自中国宗教学术网。

和“两个支持”。“两个要求”是：要求宗教界人士和信教群众热爱祖国，拥护社会主义制度，拥护共产党的领导，遵守国家的法律、法规和方针政策；要求宗教界人士和信教群众从事的宗教活动要服从和服务于国家的最高利益和民族的整体利益。“两个支持”是：支持宗教界人士和信教群众努力对宗教教义作出符合社会进步要求的阐释；支持宗教界人士和信教群众与全国各族人民一道反对一切利用宗教进行危害社会主义祖国和人民利益的非法活动，为民族团结、社会发展和祖国统一多做贡献。同时，要鼓励和支持宗教界继续发扬爱国爱教、团结进步、服务社会的优良传统。因此，要积极引导宗教界解放思想，大胆探索，逐步对宗教教义、教规和宗教伦理道德作出有益于社会主义精神文明建设的阐释，积极弘扬宗教的优秀艺术文化，并通过各种形式，提高讲经质量，注重提高广大信教群众的信仰素质，逐步改变保守的、落后的、不利于宗教与社会主义社会相适应的消极观念和陈旧礼仪，使宗教跟上时代发展进步的潮流，与有中国特色的社会主义社会相适应。

（三）宗教与社会主义社会相适应的基本内涵

引导宗教与社会主义社会相适应需要党和政府与宗教方面共同努力，协调一致，这是基本的保证条件。积极引导宗教与社会主义社会相适应是中国共产党找到的解决好中国社会主义时期宗教问题的正确途径，也是宗教工作的目的，是对马克思主义宗教观创新的集中表现。

积极引导宗教与社会主义社会相适应的基本内涵可以概括为以下四个方面：

一是要爱国。鼓励宗教界自觉弘扬爱国爱教的优良传统。在长

期的历史进程中，我国宗教界把自身命运与国家和民族的命运紧密相联，和全国人民紧紧团结在爱国主义的旗帜下，形成了爱国爱教的优良传统，融入到了伟大的中国精神之中。要支持宗教界深入挖掘各宗教的爱国主义优良传统，利用宗教界爱国主义教育基地等平台，通过开展各种形式的爱国主义和宗教优良传统教育活动，引导宗教界人士和信教群众增强在新形势下坚持爱国爱教、与党同心同行的自觉性，更加深刻地认识到，在当今中国，爱国就是热爱社会主义祖国，就是要拥护中国共产党的领导。热爱祖国，拥护社会主义制度，拥护中国共产党的领导，坚持走中国特色社会主义道路，这是对每一个中国公民的基本要求。任何人，不管是信教的公民还是不信教的公民，都不能以任何借口反对中国共产党的领导和社会主义制度，危害国家的安全。我们鼓励宗教界爱国爱教，只有做个奉公守法的好公民，才能成为一个好教徒。历史已经证明，我国各宗教的发展是与国家的兴衰、民族的存亡休戚相关的，当我们的国家和民族任人欺凌的时候，作为中国人的宗教徒和所有中国人一样，其尊严荡然无存，就是在宗教中也毫无地位而言。要在宗教界加强法制宣传教育和形势任务教育，引导宗教界人士和信教群众增强国家意识、大局意识、公民意识和法律意识，自觉坚持在法律法规的范围内开展宗教活动，依法反映合理诉求、维护合法权益，在重大问题上坚持服从国家的根本利益和民族最高利益，既做一个好教徒，也当一个好公民。

二是要守法。在我们国家，每个公民都要把宪法和法律的规定作为行为准则，按照党和政府的方针政策办事。不论信教还是不信教，作为公民，在享有公民基本权利的同时，必须依法履行公民的义务。我国实行政教分离，国法大于教法，教法服从国法，宗教不

得超越宪法、法律享有特权。也就是说，宗教必须遵守社会主义社会现阶段的国家法律、法规及方针政策。法律保障宗教信仰自由，宗教必须在法律范围内活动，不得干预国家行政、司法、教育。那种教法至上、不服从世间法的行为都是不能允许的。

三是要团结。实现全国各族人民的大团结，是取得革命和建设的胜利之本。信教的群众和不信教的群众之间、各宗教之间、不同教派之间，都要彼此尊重、和睦相处、团结互助。不能以信仰宗教与否划线，造成人与人之间的隔阂和对立。不能搞唯我独尊，排斥其他宗教和教派，造成宗教冲突、教派纷争。要以团结为重，自觉维护人际和谐和社会稳定。

四是要进步。要继承和发扬我国宗教的优良传统，改革和调整不适应社会进步的内容，跟上时代的发展和社会的进步。应当看到，宗教中还存在一些消极落后、与时代发展不合拍的因素。对宗教中有悖于国家宪法、法律和政策的内容，应当自觉进行调整或改革。对教规教义中的消极因素要自觉加以抑制，在一定条件下通过适当方式自觉加以改变。只要弘扬宗教中的优良传统，阐发宗教中的积极内容，抑制宗教中的消极因素，改革或调整宗教中不适应社会进步的内容，宗教就能焕发出一种健康向上的生机和活力。

第六章

充分发挥宗教界人士和信教群众的积极作用

宗教从产生、发展到今天，已经成为一种世界性的思潮和现象，世界上没有哪个民族、国家和地区没有宗教问题。世界宗教发展史反复表明，在一定的社会历史条件下，宗教可以促进社会发展；而在一定的社会历史条件下，宗教又可能阻碍社会的发展。之所以出现此种状况，最根本的原因在于宗教界人士及信教群众的作用发挥：发挥其积极作用，就可以促进社会的发展，否则反之。这就告诉我们：必须充分重视宗教界人士和信教群众工作，充分发挥他们在促进经济社会发展中的积极作用。

宗教有趋利避害的可能性，要发挥其积极作用，规避消极因素。马克思、恩格斯指出："每一个新阶级赖以实现自己统治的基础，总比它以前的统治阶级所依赖的基础要宽广一些"[①]。马克思主义经典作家认为宗教是人们认识世界的一种方式，在反抗统治阶级的斗争中曾起过积极作用。中国共产党进一步丰富和发展了马克思主义宗

① 马克思、恩格斯：《德意志意识形态》，人民出版社，1972 年版。

教观，认为宗教具有极其重要的文化价值，宗教教规、教义、道德中含有积极因素，宗教界人士和信教群众大多数是中国革命、建设和改革的积极力量。

一　发挥宗教界人士和信教群众在促进经济社会发展中的积极作用

党的十八大报告在论述宗教工作时强调要“全面贯彻党的宗教工作基本方针，发挥宗教界人士和信教群众在促进经济社会发展中的积极作用”。在党的十八大通过的新党章中，“全面贯彻党的宗教工作基本方针，团结信教群众为经济社会发展作贡献”也被写入“总纲”。这就对未来党和政府的宗教工作明确了方向，提出了基本要求。“发挥宗教界人士和信教群众在促进经济社会发展中的积极作用”，这是贯彻宗教工作基本方针的基本要求，也是构建社会主义和谐社会对宗教工作提出的必然要求。

2014 年 5 月 28 日至 29 日，第二次中央新疆工作座谈会在北京举行。中共中央总书记、国家主席、中央军委主席习近平在会上发表重要讲话。习近平强调，要精心做好宗教工作，积极引导宗教与社会主义社会相适应，发挥好宗教界人士和信教群众在促进经济社会发展中的积极作用。处理宗教问题的基本原则，就是保护合法、制止非法、遏制极端、抵御渗透、打击犯罪。要依法保障信教群众正常宗教需求，尊重信教群众的习俗，稳步拓宽信教群众正确掌握宗教常识的合法渠道。要重视培养爱国宗教教职人员队伍，采取有力措施提高宗教界人士素质，确保宗教组织领导权牢牢掌握在爱国爱教人士手中。这个讲话对于我们做好当前的宗教工作具有十分重要的指导意义。

2015 年全国宗教工作会议强调要发挥宗教界的积极作用。发挥宗教界人士和信教群众在促进经济社会发展中的积极作用，是对做好新形势下宗教工作的根本要求。爱国宗教界人士和信教群众是党的群众基础。在社会主义条件下，宗教界拥护党的领导，拥护社会主义制度，成为爱国统一战线的重要组成部分。广大信教群众也是建设有中国特色社会主义的积极力量，宗教工作最根本的是做信教群众的工作，是要团结和教育信教群众为祖国富强和民族振兴积极贡献力量。认真执行党的宗教政策，正确处理党同宗教界人士和信教群众的关系，有利于巩固和扩大党的群众基础，增强党在广大信教群众中的凝聚力和吸引力。

（一）发挥宗教界人士和信教群众的积极作用的重要意义

新中国成立以后，特别是改革开放以来，我国宗教发生了巨大的变化。广大信教群众和绝大多数宗教界人士爱国守法，在中国特色社会主义建设事业中发挥了积极作用。宗教与社会主义社会相适应，最重要的就是要“发挥宗教界人士和信教群众在促进经济社会发展中的积极作用”。

我国各宗教大都主张仁爱、慈善、和平，蕴含着丰富的和谐理念和传统，有扶危济困、服务社会的优良传统。近年来，各宗教积极参与扶贫、济困、救灾、助残、养老、支教、义诊等社会公益慈善事业，在促进社会和谐与经济发展、维护民族团结与祖国统一等方面发挥了积极作用。2012 年 2 月，国家宗教事务局联合中央统战部、国家发改委、民政部、财政部、税务总局等部门，制定出台了《关于鼓励和规范宗教界从事公益慈善活动的意见》，要求对宗教界

从事公益慈善活动，要“积极扶持、平等对待、依法管理、完善机制”，这对于增强宗教界人士从事公益慈善活动的主动性、规范性和可持续性，进一步激发宗教界人士和广大信教群众投身公益慈善事业、积极服务经济社会发展的热情产生深远影响。

党的十八大提出的“发挥宗教界人士和信教群众在促进经济社会发展中的积极作用”的要求，对于积极引导宗教界人士和信教群众与社会主义社会相适应具有重要意义。改革开放以来，党中央提出了对宗教界要坚持政治上团结合作、信仰上互相尊重的原则。按照党的十八大的精神，要坚持科学发展观，真正调动宗教界人士与广大信教群众建设祖国的积极性，发挥宗教界人士与广大信教群众在维护社会稳定、促进民族团结、提高社会道德风尚以及发展慈善公益事业等方面的积极作用。

十八大报告强调“发挥宗教界人士和信教群众”的“积极作用”，与以往曾经有过的“发挥宗教”的“积极作用”的提法相比，表述更准确、更科学。因为宗教具有“两重性”，既有积极因素，也有消极因素，既能在一定条件下发挥积极作用，也能在一定条件下带来消极作用。要通过做好宗教工作，引导、发挥其积极作用，约束、抑制其消极影响。统战工作、宗教工作有两个优势，或者说两个拳头，一是政策，一是人物。通过政策去凝聚人心，通过宗教界代表人士去做信教群众的工作。宗教信仰自由政策是我们党的一个基本政策，但还没有全面反映共产党人在宗教工作上更高的价值追求。因为宗教信仰自由是欧洲资产阶级在反对封建宗教专制的斗争中取得的成果，我们共产党人在继承和坚持宗教信仰自由的基础上，更加强调促进信教和不信教群众的团结。党的十六届六中全会《决定》把宗教工作基本方针与“加强信教群众同不信教群众、信仰不

同宗教群众的团结”连在一起加以强调。这“两个团结”是社会和谐的标志，也是社会和谐的保证，反映了我们党坚持“以人为本”的理念，从全面建成小康社会、和谐社会的大局出发，看待和处理宗教问题，目的是要把信教的人与不信教的人、把信仰不同宗教的人都团结起来、和谐相处，把他们的意志和力量集中到全面建成小康社会的共同目标上来。这才是我们宗教工作的出发点和落脚点，才是共产党人在宗教工作上更高的价值追求和工作目标。十八大报告从社会作用角度衡量宗教工作，是一个重要的视角和思路。认识和对待宗教问题，是从宗教信仰入手，还是从社会作用入手，是两种不同的视角和思路。在宗教工作中，如果直接从信仰问题入手，把信仰差异放在首要位置，容易引起一些宗教界人士和信教群众的抵触和对立，认识难以统一、措施难以出手；如果从宗教的社会功能和社会作用入手，用政策加以引导，用法律加以规范，可以有效地抵御境外敌对势力利用宗教进行的渗透破坏，又避免了信仰层面的冲突。这是既讲政治、讲政策，又讲策略、讲实效的思路，也是十八大报告着眼于“发挥宗教界人士和信教群众在经济社会发展中的积极作用”的精髓所在。[①]

（二）支持宗教界人士和信教群众成为实现中国梦的积极力量

党的宗教工作基本方针是宗教工作的行动指南，团结信教群众为经济社会发展做贡献是宗教工作的主要目标。党的十八大确定全面建成小康社会的战略目标和“五位一体”的战略布局，为我国各宗教参与社会主义现代化建设提供了新的舞台。

① 朱晓明：《认真学习十八大关于宗教工作的重要论述》，《中国民族报》，2012年12月18日。

在我国，宗教界人士主要指在宗教界具有一定影响和地位、有较高宗教学识、德高望重的宗教教职人员和信徒中的杰出代表，是党和国家联系信教群众的重要纽带。

我们要坚持“政治上团结合作、信仰上互相尊重”，鼓励和支持宗教界发扬爱国爱教、团结进步、服务社会的优良传统，支持他们为民族团结、经济发展、社会进步、社会和谐、祖国统一多做贡献，支持他们对宗教教义做出符合社会进步要求的阐释，支持他们增进信教群众对党和政府的理解，支持他们反对和抵制利用宗教进行危害社会主义祖国和人民利益的非法活动，使信教群众在全面建成小康社会的宏伟目标下，最大限度地团结起来。

同时，信教群众在我国数量众多，也是建设中国特色社会主义的积极力量，关系党执政的重要群众基础，关系保持党同人民群众的血肉联系。因此，宗教工作最根本的是做信教群众的工作，要团结和教育信教群众为祖国富强、民族振兴积极贡献力量。

习近平总书记在十二届全国人大一次会议指出，实现中国梦，要发挥宗教界人士和信教群众在经济社会发展中的积极作用。中国梦，就是党的十八大描绘的实现中华民族伟大复兴的宏伟蓝图。实现中国梦，需要团结带领宗教界人士和信教群众为之共同奋斗。

马克思主义者主张无神论，同时坚持用科学的、历史的态度看待宗教，避免简单化。宗教植根于经济社会，并随着经济社会发展而发生变化。我国目前还处于社会主义初级阶段，宗教有着赖以存在的历史根源、自然根源、社会根源、认识根源、心理根源，一部分人还会信仰宗教，这一点不以人们的意志为转移。我们党现阶段的任务，就是团结包括信教群众在内的全国各族人民，为全面建成小康社会、实现社会主义现代化和中华民族伟大复兴而共同奋斗。

要实现建设中国特色社会主义的伟大目标，必须最大限度地团结一切可以团结的力量，调动一切可以调动的积极因素，妥善解决社会矛盾，最大限度地激发社会活力。从宗教工作角度来讲，就要通过卓有成效的工作，努力把宗教界人士和信教群众紧密团结在党和政府周围，发挥宗教界人士和信教群众在促进经济社会发展中的积极作用，充分发掘和发挥各宗教中有益于社会和谐的积极因素，发挥宗教在促进社会和谐方面的积极作用，这是中国特色社会主义宗教理论的主题，是社会主义时期处理宗教的问题的出发点和落脚点。宗教界人士和信教群众要顺应时代发展和科学进步，注意吸收世界各民族文化精华和现代科学精神，努力弘扬有利于国家富强、人民幸福、社会和谐的宗教理念，培育理性平和、积极向上的宗教精神，建立既符合宗教基本教义、又适应社会发展进步要求的宗教思想体系，引导信教群众坚持正信正行，反对偏执狂热，使信教群众接受健康的精神文化的熏陶，在良好的文化氛围中自觉与当代社会相适应，与现代文明相协调。

宗教要在参与社会慈善事业中作出努力，这既是对中国宗教界的要求，也是中国宗教的优良传统。引导和支持宗教界人士和信教群众广泛参与和兴办社会公益慈善事业，在扶贫、济困、救灾、助残、养老、支教、义诊等方面发挥有益作用，是宗教界人士与信教群众发挥在促进社会和谐和经济社会发展中积极作用的一个重要、有效和现实的途径。慈悲济世、扶危济困是我国宗教的优良传统，宗教界参与社会公益慈善事业有深刻的信仰基础，有悠久的慈善传统，有较高的道德感召力与社会公信度。从国外经验看，社会公益慈善事业主要由宗教团体承担。宗教界从事社会公益慈善事业是一种整合社会资源、做好社会服务、发展公益事业的现实有效的做法，

不仅为政府分担了大量的社会工作，而且为民众提供了良好的社会服务。近年来我国宗教界广泛开展社会公益慈善事业，积极参与社会服务，产生了良好的社会反响和社会效益。我们要认真贯彻《关于鼓励和规范宗教界从事公益慈善活动的意见》，支持宗教界在灾害救助、扶助残疾人、养老、托孤、扶贫助困、捐资助学、医疗卫生服务、环境保护等方面开展公益慈善活动，促进宗教公益慈善事业健康发展。只要党和政府引导和支持得当，进一步明确有关政策，制定和完善相关法规，形成稳定有效的机制，我国宗教界在参与和兴办社会公益慈善事业方面可以发挥更大的作用，在促进社会和谐和经济社会发展中可以做出更大的贡献。

党的十八大首次把生态文明建设纳入社会主义建设事业的总体布局，摆在更加突出的位置，强调要努力建设美丽中国，实现中华民族永续发展，为宗教界发挥积极作用提供了新的契机。我国各宗教都倡导慈悲宽容、勤俭节约、护生戒杀，强调众生平等、人与自然相互依赖、共生共荣等理念，有着丰富的生态文明思想资源和优良传统。如佛教的缘起论强调万物一体，认为一切物体都有佛性，历来重视保护生态环境。道教强调万物有灵，天人合一，道法自然，主张人与自然和谐相处。我们要鼓励宗教界积极挖掘和弘扬各宗教思想、教义中热爱自然、保护环境方面的积极内容，总结宗教界从事生态环境保护的好传统和好作法，引导他们把宗教思想教义与现代生态文明思想结合起来，倡导树立尊重自然、顺应自然、保护自然的生态文明理念，积极参与植树造林和环境保护事业，发挥在生态文明建设方面的积极作用。要把加强生态文明建设、保护生态环境的内容纳入到当前正在开展的和谐寺观教堂建设活动之中，使弘扬各宗教优良传统、践行现代生态文明理念的要求转化为宗教活动

场所的自觉行动和生动实践。

国家富强，民族振兴，人民幸福，宗教才能健康地延续和发展。要引导宗教界顺应时代召唤，与伟大祖国共奋进，与中华民族同命运，积极投身中国特色社会主义建设事业，为实现中国梦贡献智慧和力量。要积极引导广大信教群众爱岗敬业、持规守法，通过各自岗位积极投身国家的建设事业，发展经济，勤劳致富，改善生活，在实现中华民族伟大复兴的中国梦中发挥正能量、做出新贡献。

（三）加强和创新经济社会发展中的宗教事务管理

改革开放以来，我国宗教加快了世俗化的进程，各大宗教不断进行自我调节，积极参与社会事务，日益融入世俗生活，呈现出与时俱进的发展态势。与此同时，在社会转型的过程中，市场经济的逻辑也在日益侵蚀着宗教。宗教的经济取向比较明显，宗教场所市场化、宗教活动商业化的现象较为突出，商品交换原则对宗教组织和教职人员的信仰形成了较大冲击。对此，一方面，宗教管理部门要加强管理和引导；另一方面，宗教界自身要把握好发展方向，对信教群众加以正确的引导。

“发挥宗教界人士和信教群众在促进经济社会发展中的积极作用”是宗教政策的重要内容。改革开放以后，我们党恢复宗教信仰自由政策，宗教界人士政治上有了很大进步，宗教主动与社会主义社会相适应，广大信教群众积极投身社会主义现代化建设事业，成为经济建设的重要力量，新型的宗教经济关系得以建立。宗教房产政策不断得到落实，税费得到减免。宗教界积极发挥自身优势开展自养，以解决宗教团体与教职人员的经济生活需求，减轻信教群众的经济负担，满足信教群众信仰需要。宗教团体与宗教活动场所的

合法财产受到法律法规的保护。

同时在这个领域也出现了一些新的矛盾，需要我们把握宗教及经济社会发展的规律和趋势，加强和创新宗教事务管理，树立保护、管理、引导、服务的理念，逐步加以研究处理。一类是各宗教自身状况不适应经济社会发展的矛盾，包括：少数宗教界人士与信教群众宗教思想保守，滞后于经济社会发展要求；一些宗教活动场所过度商业化，财务管理混乱，造成信教群众强烈不满；宗教界的自养与消费行为得不到部分人群的理解，“宗教 CEO”等现象在网络上被炒作，引发关注与争议；宗教界“贫富不均”的现象客观存在，一些场所大量财富流入，但仍有很多场所经济来源单一，自养困难；有些信教群众聚居地区宗教气氛浓厚，攀比建寺，争相朝觐，造成信教群众负担；宗教活动场所法人地位不明确，一些场所开办的旅馆、商铺等缺少工商税务部门的监管；接受境外捐赠中附带政治宗教条件等。一类是宗教在发展过程中与社会有关方面产生的利益矛盾：一些宗教房产遗留问题尚未落实，因各种复杂原因解决起来难度极大，已经成为老大难问题。涉及拆迁宗教团体和宗教活动场所房产的问题增多，由于在补偿问题上难以达成协议，产生了矛盾和纠纷，甚至引发信教群众集体抗议等群体事件。风景名胜区宗教活动场所门票收入分配上与景区管理方的矛盾由来已久，对信徒需购买门票朝山进香也有较大意见，一直未能得到妥善解决。特别是一些地方、企业、个人受经济利益驱动，搞“宗教搭台，经济唱戏”，投资开发、承包经营宗教设施，甚至雇佣假僧假道，非法从事宗教活动，违规设置功德箱，收取宗教性捐献，威逼利诱信众和游客花高价烧高香及抽签卜卦，借教敛财、以教牟利，损害了宗教界的形

象与利益，引起宗教界人士与信教群众强烈不满，形成社会舆论热点。①

发挥宗教界在促进经济发展中的积极作用，既是宗教适应时代不断发展的需要，也是推进经济社会发展，不断提升国家的综合国力，实现中华民族伟大复兴的需要。宗教工作部门应当依据经济社会发展需要，深入研究探索当前存在问题的根源和实质，加强和创新宗教事务管理工作。

推进宗教思想建设。经济发展需要伦理道德与价值体系的支撑，社会主义市场经济也是道德经济。要发挥宗教在道德领域的感召力，教育信教群众坚守道德底线，协助加强公民道德、职业道德、企业道德、社会道德建设，共同努力，在全社会形成诚信守法的良好环境，有效构筑牢固的社会文明防线，全面推进社会的科学发展。要鼓励信教群众自力更生、反对不劳而获，关注现世，两世吉庆，坚持对中国经济前景的信心，积极投身经济建设。减少攀比建寺、攀比朝觐等现象，减轻信教群众的经济负担。

把握开发之度。把握好宗教文化资源的经济开发之度，厘清“宗教搭台，经济唱戏”与开发宗教文化资源之间的关系，厘清满足信教群众正常的宗教信仰生活需要与人为刺激宗教需求，引起“宗教热”之间的关系，处理好社会效益与宗教界权益间的关系。坚决制止乱建寺观教堂、滥塑露天宗教造像和以各种借口聚敛钱财的行为。

保护合法权益。依法登记的宗教活动场所作为民间非营利组织，

① 龚学增：《再论中国特色社会主义宗教理论》，《西北民族大学学报：哲学社会科学版》，2014年1月22日。

不以营利为宗旨和目的，更不能作为企业资产上市，要在政府宗教事务部门的行政管理下，在当地人民政府有关部门指导、监督下，由其民主管理组织负责管理，其他单位和个人不得插手其内部事务，不得以任何方式搞所谓的“承包经营”“股份制”。宗教活动场所的投资者不取得经济回报，不享有所有权。非宗教团体、非宗教活动场所不得组织、举行宗教活动及接受宗教性捐献。理顺风景名胜区中宗教活动场所与各方的利益关系，落实发展改革委关于与宗教活动场所有关的游览参观点对宗教界人士和信教群众实行门票优惠的有关规定。努力解决宗教房产遗留问题。妥善处理涉及拆迁宗教团体和宗教活动场所房产的问题。加强宗教法制建设，积极研究宗教活动场所法人地位问题，研究解决宗教活动场所土地证、房产证不齐全问题。

积极开展自养。不断探索宗教团体与场所在社会主义市场经济条件下实现自养的途径，维持其正常运转，减轻信教群众负担。自养方式应当有利于发挥宗教自身旅游、养生、文化等方面的资源优势，又要考虑社会可以接受的程度，避免过度商业化。宗教界的经济行为不可影响宗教人士的修行，不可影响到宗教界的风气，不可影响信教群众享受宗教信仰自由的权利，不可影响为信教群众提供的宗教服务。坚持“取之有道，用之有道”，使宗教经济成为社会主义市场经济的健康组成部分。

严格财务监督。针对有些宗教活动场所的负责人家长作风盛行，侵吞场所财物，中饱私囊；有些宗教活动场所资金流向混乱；有些单位和个人侵占宗教活动场所的合法财产等突出问题，深入落实《宗教活动场所财务监督管理办法》。监督宗教活动场所管理，组织制定本场所的财务管理制度，成立财务管理小组，对场所的财务进行民主管理，确保场所资产安全管理，合理使用。

鼓励公益慈善。贯彻落实《关于鼓励和规范宗教界从事公益慈善活动的意见》，促进宗教界公益慈善事业的健康有序发展。逐步形成具有我国宗教特色的现代宗教慈善文化，形成一支具备相应知识和经验的专门人才、特别是公益慈善项目管理和运作的专业管理队伍，形成一批独具宗教特色、契合社会需求的公益慈善服务品牌。同时，要在法律法规政策允许范围内开展公益慈善活动，自觉接受政府部门、捐赠人及社会各界监督。

加强创新管理。资金是宗教组织机构运行的血液。研究欧美等国的政教关系可以发现，他们对宗教界的行政审批监督规定要少于我国，但却更注重用免税资格、税收分配、财政补贴等经济手段来对宗教进行约束与引导。我们应当更加重视研究宗教经济的发展规律，综合施策，依法管理中更多地注重查扣非法资金，积极引导中更多使用财税政策调节、政府购买服务等经济手段。①

（四）积极挖掘宗教文化和谐资源，促进社会主义文化建设

宗教大都主张仁爱、慈善、和平，中国各宗教都蕴涵着丰富的和谐理念和传统。如佛教倡导和谐、和平的思想，其核心理念缘起、因果、平等、慈悲、中道、圆融等，对缓解当今世界矛盾有着积极的作用。道教关于和谐的思想包括了和谐、和睦、和平、和善、祥和、中和等含义，蕴涵着慈爱和同、和以处众、和衷共济、和而常通、政通人和、内和外顺等深刻的处事哲学、人生理念和“致太平”

① 《全面贯彻党的宗教工作基本方针》，《宁波日报》，2012 年 5 月 23 日，载中国民族宗教网。

的社会理想。伊斯兰教主张和平、中道、宽恕、诚信，主张与人为善、行止有度及劝善戒恶、公平正义等。基督教的基本教义是和谐与和平。丁光训主教强调，上帝就是爱。《圣经》的中心信息就是“和好”，包括“神与人和好”“人与人和好”。要进一步发掘中国各宗教关于和谐的理念，使中国各宗教更加自觉地建设和谐社会，促进社会和谐。

宗教文化的内容极其丰富，它不仅具有社会文化的结构和形态，而且包含人类文化的各种类型，如哲学、科学、文学、艺术、教育、道德、法律、制度、习俗等。中国宗教文化是中华传统文化的有机组成部分，也是我国软实力的组成部分，它在心理调适、情操陶冶、道德教育、知识营养等方面，应当和能够在不断改革创新中参与中华民族共有精神家园的建设。我国宗教，特别是传统宗教包含着许多促进人心和谐、社会和谐、人与自然和谐的思想，其关爱生命、自然、社会、人心、道德等内核，能够在建设和谐文化中发挥积极作用，也可以为构建社会主义核心价值体系和精神文明提供丰富的文化和道德资源。

各大宗教在进行文化建设时，应结合自身的历史资源和现实需求，运用不同的载体，从不同层面着手，构建具有各自个性特征的宗教文化体系。在这一过程中，各大宗教尤其要着力挖掘各自的伦理道德资源，加强宗教道德建设，使之在和谐社会建设中成为重要的道德资源。

目前，虽然我国丰富的宗教文化资源得到了一定程度的开发利用，取得了较好的社会效果，但总体上看，目前宗教文化资源的开发利用尚处于起步阶段，存在诸多问题，也产生了一些负面影响。

一是“过热”。有的领导干部将发挥宗教在促进经济社会发展中的积极作用简单地理解为利用宗教推动经济发展，只管利用宗教文化在促进旅游、招商引资等方面的平台作用，而没有注意防范相关的负面影响，有的地方党政出面主导，大搞“宗教搭台、经济唱戏”，甚至沦为“宗教搭台，宗教唱戏”，不仅人为助长宗教热，而且败坏党风政风。二是“混乱”。一些与佛教、道教无关的单位、企业与个人，违反规定，擅自投资兴建寺庙、乱建露天宗教造像特别是露天大佛，大搞开光庆典和所谓的宗教活动，甚至雇佣假僧假道在非宗教活动场所从事抽签卜卦等迷信活动聚敛钱财，违背了宗教政策法规，损害了佛道教声誉，影响了地区文化建设的健康发展。三是“肤浅”。一些地方在宗教文化资源开发利用方面观念陈旧，开发利用方式单一，重旅游轻文化，过度商业化，规划布局缺乏总体把握，综合开发和资源深度开发不够，有的低层次乱建滥建造成了巨大的资源浪费。四是“短视”。以宗教文化资源为主体和依托的景区开发中大多有严重的“短视症”现象，无视景观的历史文化渊源，不尊重宗教文化自身规律，侵害宗教界合法权益，杀鸡取卵、竭泽而渔，宗教文化资源开发利用与保护继承关系失衡等问题日益突出。五是“缺位”。宗教文化资源开发利用的管理主体不明、管理体制不顺、政策指导和法律规范跟不上等问题日益凸显。

对此，我们必须引起重视，加强研究，提高认识，妥善处理。

一要保持清醒头脑，统一思想认识。进一步加强对党员领导干部的马克思主义宗教观、宗教工作基本方针和宗教政策法规的教育和培训，使其在了解宗教与宗教文化社会作用的机理和客观规律的基础上，充分认识宗教和宗教文化的正负社会功能和积极、消极两个方面的社会作用，对宗教文化资源的不当开发利用可能助长的宗教热及其危害有足够的认识，从而能够在实际工作中注意处理好宗

教文化资源的开发利用与防范助长宗教热、确保宗教合理有序发展的关系。

二要强化管理职责，研究制订统筹规划和政策法律规范。政府宗教事务部门作为宗教文化资源开发利用的主管部门，其职能要明确，权威要强化。作为落实中央提出的发挥宗教积极作用的要求的具体举措，宗教事务部门要切实加强对宗教文化资源开发利用问题的调查研究，加强对各地区各宗教文化资源开发利用工作的指导，研究制订统筹规划和政策法律规范，使宗教文化资源的开发利用逐步走上合法、规范、健康、有序的轨道。

三要全面贯彻宗教工作基本方针，深入落实《宗教事务条例》，进一步强化政府宗教事务部门的职责和权威，令行禁止，严格制止乱滥建露天宗教造像，控制“宗教搭台、经济唱戏”行为，避免助长宗教热。对与宗教无关的单位、企业或个人违反规定，擅自投资兴建寺庙教堂、乱建露天宗教造像特别是露天大佛等违背宗教政策法规的行为，要按照有关规定坚决予以查处。

四要维护宗教界合法权益，把握好宗教文化资源的开发利用与继承保护之间的关系。在以宗教文化资源为主体和依托的景区开发中要正视景观的历史文化渊源，尊重宗教文化自身规律，同时要注意景区文化资源要素之间的内在协调性，以保护优秀传统宗教文化为前提，以开发利用促继承保护，确保宗教场所的宗教活动正常有序进行，切实维护宗教文化部门的合法权益。

五要尊重文化开发利用的规律和宗教文化自身规律，科学合理规划，综合开发利用。尊重宗教文化和文化开发利用的一般规律，加强研究论证，科学合理规划，综合开发，深度开发，突出特色，明确主题，不断提升景区文化资源开发的品位，力争打造精品名牌项目。[①]

二 巩固和发展党同宗教界的爱国统一战线

宗教界人士和信教群众既是特殊的群体，又是普通群众，他们与不信教群众一样，都是党的依靠力量，也是党的服务对象。发挥宗教界人士的积极作用尤其重要，因为他们对于信教群众影响极大，这就要不断巩固和发展同宗教界的爱国统一战线。

统一战线是我们战胜敌人，取得新民主主义革命胜利的法宝，也是建设中国特色社会主义事业必须坚持的原则。统一战线的理论和实践是中国共产党的宝贵财富，解决了在社会主义国家如何正确认识和处理宗教问题，丰富和发展了马克思主义宗教观。正如中央民族大学哲学与宗教学院牟钟鉴教授所总结的，“宗教统战论事实上承认了宗教是社会主义社会合理和正常的文化现象，承认了宗教界是我国社会主义社会整体的有机组成部分，而且是与政权系统有协调性的群体和组织。中华民族是命运的共同体，包括宗教界在内的社会各界人士和各社会团体都是这一大命运共同体内的成员，在中国共产党领导下，大家思想上同心同德，目标上同心同向，行动上同心同行，全面建设小康社会的奋斗目标就能够实现。”[②]

巩固和发展党与宗教界的爱国统一战线，这是中国共产党在宗教工作上历史的创造和优良的传统，是我们在宗教工作上的特点和优势。在新的历史条件下，要继承和发扬这一传统，要增强宗教工

① 张训谋、雷春芳、魏农：《挖掘宗教文化和谐资源促进社会主义文化建设》，中国民族宗教网，2010 年 8 月 22 日。

② 李平晔：《统战、宗教与中国传统文化》，中国民族宗教网，2012 年 10 月 12 日。

作的政治性。不能把政治性、政策性很强的工作当作一般的事务性工作。做好宗教领域的统战工作，关键是把握两条，一是掌握政策，“掌握”二字很不容易、很有分量，要建立在对实际情况的了解，对重点问题的把握，对未来趋势的预测上；二是培养代表人物，通过培养、物色代表人物，掌握宗教工作的主动权、主导权，通过他们去做宗教界和信教群众的工作。要有针对性地做好爱国宗教人士，特别是中青年一代的思想教育工作，要教育引导他们正确对待自己，正确对待信教群众，正确对待其他宗教，正确对待不信教的人。正确认识和处理宗教信仰和爱国守法、教典和法典的关系，使中青年宗教人士能够经受复杂局面的考验，坚持爱国爱教、团结进步。

（一）重视与宗教界人士结成统一战线

中央 19 号文件指出：“争取、团结和教育宗教界人士首先是各种宗教职业人员，是党对宗教的工作的重要内容，也是贯彻执行党的宗教政策的极其重要的前提条件。”[①] 对于他们，“一定要予以应有的重视，团结他们，关心他们，帮助他们进步。”[②] 中国共产党一贯坚持在政治上与宗教界合作的原则。要巩固党同宗教界的爱国统一战线，增进团结，维护稳定，为实现中华民族的伟大复兴而共同奋斗。

党与宗教界结成爱国统一战线的原则是“政治上团结合作，信仰上互相尊重”。一方面，从我们党和政府来说，要坚定不移地

① 《中共中央印发 <关于我国社会主义时期宗教问题的基本观点和基本政策> 的通知》（1982 年 3 月 31 日），《新时期宗教工作文献选编》，宗教文化出版社，1995 年，第 61 页。

② 同上。

贯彻执行尊重和保护公民的宗教信仰自由权利、保护正常的宗教活动、保护宗教界的合法权益这样一些长期不变的基本政策。另一方面，从宗教界来说，要坚定不移地拥护中国共产党的领导，拥护社会主义制度，坚持独立自主自办教会的原则，坚持在宪法、法律、法规和政策规定的范围内开展宗教活动。有了这样的政治基础，有了这两个方面的结合，作为我们党领导的爱国统一战线组成部分的各民族宗教界的爱国统一战线，一定会不断地得到巩固和发展。

党和政府还提出了在思想、组织、制度等方面加强宗教团体建设，培养爱国宗教专职人士的一系列措施，取得了显著的成就，党同宗教界的爱国统一战线不断巩固。

宗教界人士是带领信教群众爱国守法，维护社会稳定和民族团结，共同致力于建设中国特色社会主义的骨干力量，是信教群众中的“头羊”。宗教集中了人类美好的愿望，而这些美好的愿望是通过宗教人士来具体表达的。宗教界人士肩负着双重职责，即宗教责任和社会责任，承担了对信教群众的教育感化的责任。他们在宗教活动中起关键作用，在行为方式上有着示范作用，在教义阐释上具有权威作用，同时他们具有引导宗教为社会主义物质文明、精神文明、政治文明建设及构建和谐社会服务的责任。我们要加强对宗教人士的培养教育，着力提高他们的政治素质和宗教素质。教育引导他们热爱祖国，拥护党的领导和走社会主义道路。同时，引导他们提高对宗教经典的解释水平，对宗教教义、教规作出符合社会发展时代进步的解释。要深入研究新形势下宗教界爱国人士成长的特点和规律，加大培养力度，努力形成一支政治上靠得住、学识上有造诣、品德上能服众的宗教教职人员队伍，保证宗教组织的领导权牢牢掌

握在爱国爱教人士手中。

我国虽然实行政教分离，但信教公民同其他公民一样，享有同等的政治权利，不得因宗教信仰不同造成政治权利上的不平等现象。多年来共产党进行马克思主义宗教的宣传教育工作，宣传政教分离，并不是要排除宗教界人士和宗教信徒参与国家大事的管理和民主协商，事实上，中国各级人大、政协中都有宗教人士的参与，他们一直在参政议政、民主监督和政治协商中发挥着积极的作用。

宗教组织的代表可以通过合法渠道参与政治生活，如通过参加各级人民代表大会和政治协商会议等途径，表达社会主张，对依法管理国家事务和社会事务、管理经济和文化事业特别是宗教事务提出意见和建议，并实施民主监督。宗教界人士与其他公民相比较，除了信仰差别外，与其他公民享有同等的政治权利。我国各级人大、政协组织都有宗教界人士的参与，他们与普通公民一样，都有参与国家政治生活的权利，并取得了积极良好的效果。

党的十八大明确提出了社会主义协商民主的概念，强调要通过国家政权机关、政协组织、党派团体等渠道，就经济社会发展重大问题和涉及群众切身利益的实际问题广泛协商，广纳群言、广集民智，增进共识、增强合力。目前，我国约有17000名宗教界人士担任各级人大代表、政协委员，代表数十万宗教教职人员和数以亿计的信教群众参政议政，参与国家和社会事务管理，进行民主监督。[①]宗教界是人民政协的一个重要界别和协商主体，在社会主义协商民主制度中发挥着重要作用。新形势下，要提高宗教界人大代表、政协委员议政建言的能力，充分发挥他们在协调民主中的积极作用，

① 王作安：《从国家宗教局职能看中国政教关系》，《中国宗教》，2009年第11期。

通过人民代表大会和人民政协的平台，参与国是，建言献策，更好地反映宗教界人士和广大信教群众对国家建设、公共决策和国计民生的意见建议，更好地反映宗教界人士和广大信教群众的合理诉求，协调好宗教界与社会其他方面的利益和关系，为推进国家建设汇聚正能量。党的十八大强调要加强和创新社会管理，推动社会主义和谐社会建设，指出要引导社会组织健康有序发展，充分发挥群众参与社会管理的基础作用，在这方面宗教界也可以建树作为。目前我国有5500多个宗教团体，还有约36万名宗教教职人员，他们在信教群众中有着重要地位和特殊的影响。[①] 要支持宗教团体适应现代社会组织的要求，提升其引导信众、服务社会、理顺情绪、化解矛盾的能力，发挥他们在社会管理特别是宗教事务管理中的自律和协同作用。

（二）加强宗教界爱国爱教力量的建设

2015年全国宗教工作会议强调要支持宗教界加强自身建设。爱国宗教界人士是团结信教群众、维护社会稳定的重要力量。要有计划、有组织地培养爱国宗教教职人员队伍。加强爱国宗教力量建设具有重要意义，要做好三项主要工作：一是爱国宗教团体是党和政府联系信教群众的桥梁，要支持宗教团体加强自身建设，包括思想建设、组织建设和制度建设，自主开展活动，充分发挥作用；二是加强爱国宗教教职人员的培养工作；三是加强宗教院校的建设。所有宗教团体和宗教界人士都必须维护法律尊严，维护人民利益，维护民族团结，维护祖国统一。

1. 加强爱国爱教的宗教团体的自身建设

爱国宗教团体作为党和政府联系信教群众的桥梁和纽带，也是

① 王作安：《从国家宗教局职能看中国政教关系》，《中国宗教》，2009年第11期。

促进宗教与社会主义社会相适应、相和谐的基础和前提。发挥宗教界人士和信教群众在促进经济社会发展中的积极作用，爱国宗教团体责无旁贷。要抓好爱国宗教团体建设，加强宗教团体的思想、组织、制度和作风建设，增强贯彻党的宗教工作基本方针和政策法规的自觉性。要帮助爱国宗教团体加强思想、组织、教风和制度建设，提高他们自我教育、自我管理、自我服务、自我完善的能力，增强凝聚力和号召力，使其真正成为党和政府联系、团结和教育宗教界人士和信教群众的桥梁纽带。

马克思、恩格斯在《新莱茵报政治经济评论》第二期上发表的书评中指出："非常明显，随着每一次社会制度的巨大变革，人们的观点和观念也会发生变革，这就是说，人们的宗教观念也要发生变革。"当今的中国，改革开放带来了经济社会的巨大变革，必然也涉及宗教观念的变革。宗教与社会主义社会相适应，首先应是神学思想上的适应，重点是对宗教教规教义作出符合社会发展要求的阐释。

要支持宗教界加强宗教思想文化建设，推动宗教界对宗教教义教规作出符合时代发展进步要求的新阐述，对有利于和谐的思想观念和行为规范加以挖掘和提倡，同时消除那些不利于和谐的因素和现象，以中国梦和中国精神来鼓舞和凝聚宗教界人士和信教群众，进一步夯实各宗教发展进步的思想理论基础，从而在思想和实践两方面，为构建社会主义和谐社会做出应有的贡献。要努力挖掘和弘扬宗教教义、宗教道德和宗教文化中有利于社会发展、时代进步和健康文明的内容，对宗教教义作出符合和谐社会要求的阐释，在构建社会主义和谐社会过程中创造新业绩。积极弘扬宗教教义中扬善抑恶、平等宽容、扶贫济困等与社会主义社会道德要求贴近的积极内容。

2. 加强爱国爱教的教职人员队伍建设

要深入研究新形势下宗教界爱国人士成长的特点和规律，要支持各宗教加大培养、选拔、使用工作的力度，努力造就一支政治上靠得住、学识上有造诣、品德上能服众的合格宗教教职人员队伍。通过他们的榜样和示范作用，引导信教群众培育自尊自信、理性平和、积极向上的社会心态，正确看待当前经济社会发展中存在的问题，自觉维护法律尊严、维护人民利益、维护民族团结、维护国家统一，坚决反对和抵制利用宗教进行危害宗教和睦、民族团结、祖国统一和人民利益的活动，维护社会团结稳定。

爱国宗教团体一是要做好宗教界人士的培养教育工作，有计划地培养一批爱国守法、有较高宗教造诣的中青年教职人员，形成新一代爱国爱教的骨干力量；二是要依法依章加强自我管理，搞好宗教活动场所规范化建设，依法组织好大型宗教活动，坚决抵御境外敌对势力的渗透，切实维护宗教和睦和社会稳定；三是要切实关心宗教界人士生活，准确反映信教群众愿望，努力维护宗教界合法权益，并引导宗教界人士和信教群众积极参与生产经营，努力提高自养能力；四是切实做好信教群众矛盾调处工作，倡导平等宽容、互相尊重，促进信教群众相互间的和谐，引导信教群众积极参与社会公益慈善事业。

3. 加强宗教院校的建设

宗教院校是培养爱国宗教人才的重要基地，是正确阐释宗教教义的重要阵地，是培训现有宗教教职人员的重要平台。但目前存在三大突出的问题：一是适应宗教院校办学规律的体制机制尚未形成；二是师资力量薄弱；三是硬件设施不足。

在我国现代化建设和实现中华民族伟大复兴的新形势下，中国

宗教不仅需要在继承中发展，而且必须坚定地走与社会主义社会相适应之路，这就应该把宗教教育摆上更加重要的位置，使其在宗教人才培养、适应社会需要的经典阐释等方面更好地建树作为，以顺应宗教有序传承、健康发展的根本需要。一方面，各宗教团体要办好宗教院校，加强宗教内部培训。我国五大宗教都有自己的教育机构，宗教院校本身就是社会文化教育事业的一个独特表现形式，在宗教界内部则是培养和造就宗教人才的重要渠道。宗教团体在办学过程中，要创新教育模式，完善课程体系，提升教育层次，拓展培训范围。另一方面，各宗教团体要在加强内部培训、进行经文教育的基础上，与社会教育接轨，加强科学教育和人文教育，提高宗教界人士和信教群众的文化素养，培育其文化建设的能力。

要重视做好宗教院校工作，端正办学方向，加强规范化建设，培养合格师资队伍，支持宗教团体把宗教院校办成培养爱国宗教人士的重要阵地。要完善培养计划，创新培养工作，开辟培养培训工作新渠道、新模式，开阔中青年宗教教职人员的视野，改善知识结构。要发挥爱国宗教团体的积极作用，帮助和指导他们增强自养能力，依法依章搞好自我管理，反映信教群众意愿，切实维护宗教界合法权益。

（三）积极建立和促进宗教关系的和谐

宗教关系是政治领域和社会领域涉及党和国家工作全局的重大关系之一。做好党的宗教工作是建立和谐宗教关系，实现宗教和谐的关键和根本保证。因此，促进宗教关系和谐已成为党的宗教工作的重大任务。

宗教关系和谐，主要指宗教与社会、各宗教之间，以及信教群众和不信教群众、信仰不同宗教群众之间的关系和谐。能否正确认识和处理这类关系，既涉及信仰宗教的数以亿计的群众的精神追求和思想感情，也涉及不信仰宗教的数量更多的群众的人生观和价值观，在许多具体的宗教事务上，甚至涉及当事的信教群众和不信教群众的政治、经济利益，其结果直接影响着社会的和谐与稳定，从而对党的执政能力形成考验。

宗教关系是我国诸多社会关系中的一个特殊类型，其中又包含多种形态。正确认识和处理宗教关系，促进宗教关系和谐，事关中国特色社会主义事业的全局，事关构建社会主义和谐社会的进程，事关党和国家的兴旺发达和长治久安。促进宗教关系和谐，对于开拓宗教工作新境界，为实现对内构建和谐社会、对外共建和谐世界做出应有贡献具有深远的历史意义。

新中国建立，特别是改革开放以来，党和国家一直致力于探索和建立和谐宗教关系。近年来，我们党坚持以科学发展观为指导，把宗教关系纳入统一战线需要妥善处理的重大关系，反映了党对宗教工作的高度重视。

十六大以来，党在促进宗教关系和谐方面取得了重要成果。在宗教与社会关系和谐方面，积极引导信教群众、宗教界人士和宗教团体与社会主义社会相适应，使中国宗教的发展符合当代中国的实际情况，适合社会主义社会的客观要求。在各宗教之间关系和谐方面，推动各宗教开展对话与交流，引导各宗教共建和谐美好家园，促进了中国佛教、道教、伊斯兰教、天主教和基督教五大宗教的和睦共处。在促进信教群众和不信教群众、信仰不同宗教群众之间关系和谐方面，全面贯彻落实宗教信仰自由政策，积极引导宗教界人士和信教群众热爱祖国，拥护社会主义制度，拥护中国共产党的领

导，遵守国家的法律法规和方针政策；积极引导宗教活动服从、服务于国家的最高利益和民族的整体利益；支持宗教界人士对宗教教义作出符合社会进步要求的阐释；支持宗教界人士同各族人民一道，反对一切利用宗教进行危害社会主义祖国和人民利益的非法活动，为民族团结、社会发展和祖国统一多做贡献；鼓励和支持宗教界继续发扬爱国爱教、团结进步、服务社会的优良传统，在积极与社会主义社会相适应方面不断迈出新步伐。

党的十八大强调了促进宗教关系和谐，对巩固和发展最广泛的爱国统一战线作出战略部署，提出："巩固和发展最广泛的爱国统一战线。统一战线是凝聚各方面力量，促进政党关系、民族关系、宗教关系、阶层关系、海内外同胞关系的和谐，夺取中国特色社会主义新胜利的重要法宝。要高举爱国主义、社会主义旗帜，巩固统一战线的思想政治基础，正确处理一致性和多样性的关系。"因此，建立和谐的宗教关系是新时期统一战线的重要内容。

促进社会和谐，离不开宗教和睦。宗教和谐，是当代宗教关系的新境界，是当代宗教工作的重要目标和主题，是对宗教工作提出的新要求，是发挥宗教界积极作用的新途径，是建设和谐世界的时代召唤，是构建社会主义和谐社会的题中应有之义。要继续支持宗教界大力倡导和践行宗教和谐理念，深入开展和谐寺观教堂建设，努力建设和谐宗教，以宗教关系的和谐促进社会的和谐，为建设社会主义和谐社会做出应有贡献。"发挥宗教界人士和信教群众在促进经济社会发展中的积极作用"，这也是建立和谐宗教关系、实现宗教和谐的重要环节。

总的说来，作为党的统一战线工作的重要组成部分，正确认识和处理宗教关系，关键是要全面正确地贯彻党的宗教信仰自由政策，教与非教双方坚持做到政治上团结合作、信仰上互相尊重，使广大信教群众同广大不信教群众一样在拥护中国共产党领导、拥护社会主义制度、热爱祖国、维护祖国统一、促进社会和谐等重大问题上取得共识。各级政府要坚持依法管理宗教事务，保护合法，制止非法，打击犯罪，确保宗教活动规范有序地进行。各宗教团体要坚持独立自主自办教务，自觉抵御境外势力利用宗教进行的渗透；党和政府则要帮助和支持各宗教团体加强自身建设，包括组织建设、思想建设和作风建设，积极引导信教群众最大限度地团结起来投身于社会主义小康社会暨和谐社会建设事业。所有这些都是为了一个目的，那就是使宗教与社会主义社会更加适应。

第七章

切实做好信教群众工作

世界上的几大主要宗教，都有很多群众信仰。从这个意义上讲，正确对待宗教问题，也是正确对待群众的问题。所谓信教群众，是指那些信仰各种不同宗教的群众，他们是群众的一部分。信教群众首先是群众，只是这部分群众有自己的宗教信仰，由此与不信教的群众在思想信仰上有所差异，这是这部分群众的特点。

宗教问题主要表现为群众问题，宗教工作本质上是群众工作。宗教工作，最根本的是做信教群众的工作，是要团结和教育信教群众为祖国富强和民族振兴积极贡献力量。宗教工作的根本任务是做好信教群众工作，要团结信教群众，凝聚他们的智慧和力量为促进经济社会发展服务。

我们要做好新形势下的宗教工作，必须牢牢把握做好信教群众这一根本任务，充分认识信教群众工作在宗教工作中的基础性、战略性、根本性地位，努力增强做好信教群众工作的本领，最大限度地把信教群众团结起来，把他们的智慧和力量凝聚到实现全面建设小康社会、加快推进社会主义现代化的共同目标上来。

当前，中国人民正在为实现中国梦而努力奋斗。实现国家富强、民族振兴、人民幸福，是全体中国人民的共同梦想，是新形势下联合广大信教和不信教群众共建中国特色社会主义的精神纽带。认真做好新形势下的宗教工作，坚持用以“富强、民主、文明、和谐、自由、平等、公正、法治、爱国、敬业、诚信、友善”24字为基本内容的社会主义核心价值观教育引导广大信教群众，团结带领他们为实现中华民族伟大复兴的中国梦而共同奋斗。

一　做好新形势下信教群众工作具有极其重要的意义

宗教工作是党的统战工作和群众工作的重要组成部分，涉及到社会生活的许多方面，本质上是群众工作。这是由宗教问题的群众性所决定的，是党的群众路线在宗教工作中的具体体现，是党的宗教理论创新和实践经验的总结，也是开展以为民务实清廉为主要内容的群众路线教育实践活动的必然要求。

党的十八大确定了“两个一百年”的奋斗目标和实现中华民族伟大复兴的中国梦。这个奋斗目标和中国梦，凝聚了几代中国人的夙愿，体现了中华民族和中国人民的整体利益。要实现党的十八大确定的奋斗目标和中国梦，就必须紧紧依靠人民群众，充分调动最广大人民群众的积极性、主动性、创造性。

宗教工作的对象是千千万万的信教群众。信教群众与不信教群众虽然在思想信仰上有着根本的区别，但是在政治上和经济上的根本利益是一致的，都是人民群众的一个重要组成部分，也是建设中国特色社会主义的重要力量，是实现中国梦的积极力量。

党的宗教工作的根本出发点和落脚点，是使全体信教和不信教的群众联合起来，发挥宗教界人士和信教群众的积极作用，把他们的意志和力量集中到建设中国特色社会主义，建设现代化的社会主义强国这个共同目标上来，集中到为两个百年目标和中华民族伟大复兴中国梦的奋斗中来。

（一）信教群众是党的群众基础的重要组成部分

在社会主义社会里，宗教问题具有长期性、群众性、复杂性的特点，其中关键是群众性，因为有人信仰宗教才能长期存在，因为涉及信教群众宗教问题才变得更加复杂，而且宗教的社会作用和社会影响也主要是通过信教群众产生的。人们争取和利用宗教力量，目的就是要争取和利用众多的信教群众。

在我国社会主义制度中，信仰各种宗教的群众主要是农民、工人、知识分子，以及在社会变革中出现的新的社会阶层人员，他们与不信教群众在政治上、经济上的根本利益是一致的，信仰上的差异是次要的。

我国大部分公民目前的日常生活不含宗教内容即涉及某种超自然力量的带有个体或群体崇拜色彩的心理、感情、禁忌、礼仪、聚会、交往等等，但宪法和法律充分保障他们信仰宗教的自由。事实上，改革开放以来的30多年里他们当中有很多人已经成了某种宗教的信仰者；小部分公民或受世袭等外在因素影响或经个人自觉选择信仰了某种宗教，同时因教而宜形成了大量的与家庭成员、亲戚、同事、同行、同学、朋友等非政治性的社会关系相埒并行的教友群体，甚至信仰不同宗教或教派的人聚在一起也可以作为信教公民群体而区别于不信仰宗教的公民群体或个体，宪法和法律也充分保障

这小部分公民不信仰宗教的自由。其中“不信仰任何宗教的群体”范围很广，党、政、军，工、青、妇，司法机关，公共教育机构，企事业单位，公民自治组织，等等。这是当前我国人民群众在宗教关系上的实际状况。

无产阶级革命导师观察和处理宗教问题，都十分强调采取正确的政策团结广大信教群众。我们党也历来高度重视信教群众工作。毛泽东同志曾说：“我赞成有些共产主义者研究各种教的经典，研究佛教、伊斯兰教、耶稣教等等的经典。因为这是个群众问题，群众有那样多人信教，我们要做群众工作，我们却不懂得宗教。只红不专，是不行的。”① 中共中央于 1982 年 3 月 31 日印发的《关于我国社会主义时期宗教问题的基本观点和基本政策》，即 19 号文件指出：“使全体信教和不信教的群众联合起来，把他们的意志和力量集中到建设现代化的社会主义强国这个共同目标上来，这是我们贯彻执行宗教信仰自由政策，处理一切宗教问题的根本出发点和落脚点。”

要密切联系信教群众，做好信教群众工作，首先必须解决好如何正确看待这个群体的问题，这是前提和条件。相当一个时期以来，虽然一直贯彻执行宗教信仰自由政策，不歧视、不干涉信教群众的信仰自由，但在一部分领导干部和宗教管理者的头脑中，信教群众还是被当作落后群众来看待的。贯彻党的群众路线，做好信教群众工作，首先要解决的就是如何正确定位和认识信教群众这一特殊群体的问题。19 号文件强调，经过社会经济制度的深刻改造和宗教制度的重大改革，我国宗教的状况已经起了根本的变化，宗教问题上

① 毛泽东：《同班禅的谈话》，见《毛泽东著作专题摘编》，中央文献出版社，2003 年 11 月第 1 版，第 1094－1095 页。

的矛盾已经主要属于人民内部的矛盾。这就明确了宗教问题上的矛盾主要属于人民内部矛盾，对团结宗教界人士和广大信教群众为有中国特色社会主义服务提供了理论基础。

在2002年1月20日《中共中央、国务院关于加强宗教工作的决定》中，明确指出："我们共产党人是唯物主义者，不信仰宗教，同时坚持以科学的观点和方法对待宗教，努力认识和掌握宗教的特点和发展规律，因势利导，做好宗教工作。"也就是说，不能信仰宗教，不等于不能了解宗教、学习宗教知识。

党的十八大报告强调：要"全面贯彻党的宗教工作基本方针，发挥宗教界人士和信教群众在促进经济社会发展中的积极作用"。这种认识上的纠偏和深化，完全符合人民群众对社会发展起积极推动作用的历史唯物主义观点，是在宗教工作中贯彻马克思主义群众观的充分体现。我们只有深刻领会并很好贯彻这一新的认识和定位，才能迅速拉近信教群众与党和政府之间的距离，充分调动广大信教群众参与、支持经济社会各项事业的积极性，为我们做好信教群众工作打下坚实基础。

宗教工作的性质简而言之就是党在宗教领域里的统战工作和群众工作。统战工作主要是做宗教界上层人士的，群众工作则主要是做基层信教群众工作的，这两项工作应该同等重要、同步并举，只有都做好了，宗教工作才能做好。统战工作和群众工作就好比宗教工作中的两个轮子，缺一不可，尤其是在今天比较过去信教群众数量日益庞大的情况之下。认真开展党的群众路线教育实践活动，就需要我们在正确认识信教群众的基础上，把宗教工作中的群众工作提高到与统战工作同等重要的位置上，紧密联系信教群众，一刻也不脱离信教群众。

总之，由于宗教问题有其特殊的复杂性，它的社会作用本身具有既积极又消极的两重性，易于受到一定范围存在的阶级斗争和国际上一些复杂因素的影响，境外敌对势力又加紧利用民族、宗教问题对我国进行渗透和实施“西化”、“分化”的政治战略。对这些问题的处理稍有不当，就会危及改革发展稳定的大局，危及全面建设小康社会的大业，危及包括信教群众在内的全体人民的根本利益。因此，在做好信教群众的宗教工作中坚持党的群众路线，对宗教社会事务的依法管理，维护和巩固宗教领域以至全社会的稳定，恰是对信教群众负责、为信教群众服务的真正体现。

（二）信教群众是建设中国特色社会主义的积极力量

当前，我国信仰宗教的群众有一亿多，且人数不断增加，影响力不断增强，是一支不可忽视的社会力量。做好信教群众工作，首先要正确看待信教群众，对信教群众树立新认识。

首先必须明确信教群众是人民群众的一部分。我国各宗教的信教群众是广大人民群众的一部分，他们虽然相对人数比例不大，但绝对人数数量众多；他们同全国人民一道，在党的领导下，为新民主主义革命和社会主义建设贡献了智慧和力量。党代表最广大人民群众的根本利益，包括代表信教群众的根本利益。人民群众既是党的依靠力量，又是党的服务对象。既然信教群众包括于最广大的人民之内，他们就自然是我们党所要服务的对象。

党的各项工作巨大成就的取得，离不开包括信教群众在内的广大人民群众这个基础。宗教的长期存在决定了信教群众与党的长期共存，所以信教群众将一如既往地是党的群众基础的重要组成部分。信教群众与不信教群众没有因信仰上的差异而出现对社会主义两个

文明建设主观认同和客观实践上的差异，因此信教群众不等于落后群众，而是党的事业的重要依靠力量。

其次必须明确信教群众的主体地位。宗教界人士和信教群众作为宗教工作的主要对象，从二者关系来看，发挥宗教界人士和信教群众在促进经济社会发展中的积极作用，主体是发挥信教群众的积极作用。做好宗教界人士的工作，其根本目的是最大限度引导和团结广大信教群众。这就要求我们必须尊重信教群众的主体地位和作用，始终把信教群众放在重要位置。

多年来，广大信教群众拥护中国共产党的领导，热爱社会主义祖国，遵守党和国家的政策法律，在各自的岗位上勤奋工作，发挥聪明才智，创造社会财富，许多人还成为先进工作者和劳动模范。宗教界根据新的历史条件不断努力对宗教教义进行符合社会进步要求的阐释，宗教界上层人士代表信教群众参政议政并参与社会事务的管理，为社会进步做出了贡献。我国改革开放和社会主义现代化建设事业取得的巨大成就，都是在党的领导下，包括信教群众在内的各族人民共同奋斗取得的。

在新的发展阶段，我们仍然要始终把信教群众看作是建设中国特色社会主义的积极力量，看作是我们党长期执政可以相信、可以依靠，并应该为之服务的群众。绝不能因为他们信仰宗教而歧视他们，甚至当做异己力量。要最大限度地把信教群众团结起来，把他们的智慧和力量凝聚到实现全面建成小康社会、加快推进社会主义现代化的共同目标上来。

信教群众是建设中国特色社会主义的积极力量，因此，要增强党在广大信教群众中的吸引力和凝聚力，把他们紧紧团结在党的周围。这是党对新世纪我国信教群众政治地位的明确定位，也是党同

信教群众关系的明确定位，是对马克思主义群众观和党的宗教理论的重大发展。

构建社会主义和谐社会，必须团结一切可以团结的力量，调动一切积极因素，必须坚持以人为本这一核心。以人为本的人当然包括广大信教群众，积极因素也应当包括宗教的积极因素。

当前，我国正处在体制转轨和社会转型时期，社会结构和利益格局复杂变化，人们的思想观念日趋多样，一些人从宗教中寻求心理慰藉，宗教在部分群众生活中的影响有所增强。正是因为群众性，宗教往往构成一种非常强大的社会力量，处理得好，可以对社会发展和稳定产生积极作用；处理得不好，就会产生消极作用，甚至产生很大破坏作用。关键看能否有效地管理和引导宗教，减少宗教中的消极因素，发挥宗教中的积极因素。

贯彻落实科学发展观，构建社会主义和谐社会，实现全面建成小康社会的宏伟目标，必须坚持以人为本，真正把广大信教群众当作党的执政基础，当作建设中国特色社会主义的积极力量，重视做好他们的工作，使宗教成为我们社会中的和谐因素，发挥积极作用。

我国信仰各种宗教的群众也是建设有中国特色社会主义的积极力量。要求宗教工作者在把信教群众当作应该依靠的基本群众的前提下准确把握宗教问题的特定含义，严格区分两类不同性质的矛盾，对大量存在的表现在宗教关系上的人民内部矛盾要用沟通感情、消除误解、耐心说服、改进工作的办法去解决。防止非对抗性矛盾激化为对抗性矛盾，对一些人利用宗教问题制造事端、引发动乱，要及时揭露，按照他们所触犯的不同法律分别量刑惩处。要把由某一宗教的因素引发的事件同该宗教本身严格区别开来，把借宗教问题制造事端的极少数人与多数信教群众严格区别开来，最大限度地团结信教群众，最大限度地孤立和打击极少数不法分子。

信教群众与不信教群众虽然在思想信仰上有着根本的区别，但是在政治上和经济上的根本利益是一致的，他们是人民群众的一个重要部分，也是建设中国特色社会主义的积极力量。由于信教群众作为一个特殊群体的存在，我们必须正确执行党的路线方针政策，正确反映和兼顾包括信教群众在内的不同方面群众的利益，将不同信仰的人民群众最大限度地团结起来，动员和组织人民群众为自己的根本利益而奋斗，从而实现中华民族的伟大复兴。

二　做好信教群众工作要坚持贯彻党的群众路线

做好新形势下信教群众工作，是宗教工作的根本任务，是党的群众路线在宗教工作中的必然贯彻，也是马克思主义宗教观与马克思主义群众观一致性的具体体现。群众路线作为党的根本宗旨的体现和党的根本工作方法，当然也是宗教工作部门的根本任务的体现和根本工作方法。在实际工作中，我们要善于运用群众路线指导新形势下的宗教工作。

2015 年全国宗教工作会议强调，对于当前宗教工作中的问题，要坚持把群众观点贯穿宗教工作。做好信教群众的工作是党的群众路线在宗教工作领域的具体体现，是我们党以人为本，立党为公、执政为民的具体要求，是发挥宗教界人士和信教群众在促进经济社会发展中的积极作用的基本前提。信教群众工作是新形势下群众工作的重要组成部分，要从保持党同人民血肉联系、全面建成小康社会和推进社会主义现代化事业的高度，充分认识做好信教群众的工作的重要性和必要性，把它纳入到新形势下群众工作的全局之中去谋划去推动。

（一）贯彻党的群众路线，做好信教群众工作，是做好宗教工作的本质要求

群众观点是马克思主义的一个基本观点，群众路线是我们党的根本工作路线和根本工作方法。所谓群众观点，就是马克思主义政党对待群众的立场和态度。马克思主义认为，人民群众是历史的创造者，人民群众不仅是物质财富和精神财富的创造者，而且是社会变革的决定性力量。我们党在长期的革命、建设和改革实践中，创造性地运用马克思主义群众观，把全心全意为人民服务作为自己的根本宗旨，形成了“一切为了群众、一切依靠群众，从群众中来、到群众中去”的群众路线和密切联系群众的优良传统。做好新形势下的信教群众工作，是坚持马克思主义的群众观点和党的群众路线的必然要求。

密切联系群众、善于做群众工作是我们党的优良传统和政治优势。党的群众路线教育实践活动，再次把坚持群众路线，密切联系群众，做好群众工作提到了十分重要的位置上。作为党的群众工作的一个重要组成部分——宗教工作，理所应当顺应形势发展，进一步贯彻落实党的群众路线，做好信教群众工作。现阶段，宗教工作说到底就是做信教群众工作。因此，贯彻党的群众路线，扎实做好信教群众工作，是宗教工作的本质要求。

毛泽东强调“实事求是”和理论联系实际，强调群众路线和为人民服务。“在我党的一切实际工作中，凡属正确的领导，必须是从群众中来，到群众中去。这就是说，将群众的意见（分散的无系统的意见）集中起来（经过研究，化为集中的系统的意见），又到群众中去作宣传解释，化为群众的意见，使群众坚持下去，见之于行

动，并在群众行动中考验这些意见是否正确。然后再从群众中集中起来，再到群众中坚持下去。如此无限循环，一次比一次地更正确、更生动、更丰富。这就是马克思主义的认识论。”① 毛泽东还说：“一定要每日每时关心群众利益，时刻想到自己的政策措施一定要适合当前群众的觉悟水平和当前群众的迫切要求。凡是违背这两条的，一定行不通，一定要失败。”② 我们要在新世纪坚持和发展马克思主义宗教观，也必须坚持从马克思到毛泽东所一贯强调的思想观念和政策要从实际出发并以实践为依据这个基本点。

中共中央于1982年3月31日印发了《关于我国社会主义时期宗教问题的基本观点和基本政策》（即著名的中发［1982］19号文件），实现了宗教工作指导思想的拨乱反正，成功开创了中国特色社会主义宗教理论。19号文件指出：“党对宗教的工作是党的统战工作和群众工作的重要组成部分。”做好新形势下的宗教工作，必须恢复和发扬党的艰苦朴素、密切联系群众的优良传统。邓小平同志指出：“党的正确的路线、政策是从群众中来的，是反映群众的要求的，是合乎群众的实际的，是实事求是的，是能够为群众所接受、能够动员起群众的，同时又是反过来领导群众的，这就叫群众路线。”③ 在宗教工作中贯彻党的群众路线，就是要尊重人民群众的首创精神，虚心向人民群众学习。工作中当我们遇到这样那样的问题，待在办公室冥思苦想，仍心中无数胸中无策时，不妨迈动双腿到群

① 毛泽东：《关于领导方法的若干问题》（1943年6月1日），《毛泽东选集》第3卷，人民出版社，1991年版，第899页。

② 毛泽东：《党内通信》（1959年3月17日），《毛泽东文集》第8卷，人民出版社，1999年版，第33页。

③ 邓小平：《提倡深入细致的工作》（1961年10月23日），《邓小平文选》第1卷，人民出版社，1994年版，第288页。

众中去，学习请教寻求答案，或许新情况、新思路、新办法就在其中。

做好信教群众工作，是党的群众工作的重要组成部分。习近平同志强调：“我们要坚持党的群众路线，坚持人民主体地位，时刻把群众安危冷暖放在心上，及时准确了解群众所思、所盼、所忧、所急，把群众工作做实、做深、做细、做透。要正确处理最广大人民根本利益、现阶段群众共同利益、不同群体特殊利益的关系，切实把人民利益维护好、实现好、发展好。”[①] 我们既要维护好信教群众和不信教群众的根本利益和共同利益，又要关注信教群众和不信教群众的差异性，正确处理信教群众的特殊诉求，有针对性地做好信教群众的工作。

在新的历史条件下，我们党要代表最广大人民群众的根本利益，当然包括代表广大信教群众的根本利益；要坚持马克思主义群众观点，弘扬党的群众路线，密切党同人民群众的血肉联系，必然包括重视广大信教群众，善于做好信教群众工作。首先要虚心向人民群众学习，向群众作调查研究，将群众的意见（分散的无系统的意见）集中起来（经过研究，化为集中的系统的意见），做到从群众中来，只是完成了领导工作的第一步；更重要的是要将这些从群众中集中起来的领导意见再回到群众中去，向群众作宣传解释工作，使群众认识到这些意见是符合他们根本利益的，号召群众实行起来、化作他们自觉的行动，使党的路线方针政策转化成为人民群众改造宏观世界的物质力量。

① 习近平：《全面贯彻落实党的十八大精神要突出抓好六个方面工作》（2012 年 11 月 15 日），《求是》杂志 2013 年第 1 期，第 6 页。

群众路线对我们党的宗教工作，除了一般认识论和方法论的指导意义外，更重要的就是坚持并不断完善党的宗教政策。一方面要坚持，是因为党的宗教政策是我们党在革命战争时期开始探索、在建设时期逐步形成、在改革时期不断完善而得来的，有着广泛的群众基础，经过实践检验符合中国国情，符合广大人民群众（包括少数群众和信教群众）的利益，因此我们要坚定不移地全面贯彻落实，对那些质疑甚至破坏党的宗教政策的言论和行为，要旗帜鲜明地驳斥和反对。另一方面，我们要随着世情、国情的变化，深入研究不断变化的情况和不断变化的宗教情况，不断调整、丰富和完善我们的宗教政策，使之更好地解决宗教领域的新情况、新问题，更好地指导宗教工作。这两方面是有机统一的，坚持是根本、是主体，完善是为了更好地坚持。

（二）贯彻党的群众路线，做好信教群众工作，必须尊重信教群众的主体地位和作用

作为人民群众的重要组成部分，如何作好超过 1 亿人数的广大信教群众的工作，解决好党员干部与信教群众之间的关系，是摆在各级宗教主管部门党员干部面前的一项重大课题。

一切依靠群众，就是要确立人民群众的主体地位。在宗教工作中，贯彻党的群众路线，要求我们要尊重信教群众的历史主体地位和作用。我们党执政的群众基础包括信教群众，发挥信教群众的积极作用，团结他们为经济社会发展做贡献，是党的群众路线在宗教工作中的必然体现。

在宗教工作中坚持党的群众路线，必须落实“为民、务实、清廉”的群众路线教育实践活动要求，践行“保护、管理、引导、服

务”的宗教工作理念。国家宗教事务局局长王作安曾指出，“信教群众也是群众，我们怎么对待群众，就应该怎么对待他们，不能有歧视，不能有偏见。同时，要注意尊重他们的信仰，有针对性地做好思想工作”，并倡导“保护、管理、引导、服务”的工作理念。保护，就是要保护公民信仰宗教和不信仰宗教的自由权利，维护宗教界的合法权益；管理，就是要全面贯彻落实依法管理宗教事务方针，把宗教工作纳入法制化、规范化轨道；引导，就是要全面贯彻落实积极引导宗教与社会主义社会相适应的方针，引导宗教界人士和信教群众参与社会主义各项建设；服务，就是要坚持党的全心全意为人民服务的宗旨，着力解决好广大信教群众最关心、最直接、最现实的利益问题。这一工作理念是统一的整体，相互联系，相互促进，从根本上回答了“为谁工作”“靠谁工作”“如何工作”等根本性问题，确立了对待信教群众的新方法。①

随着观念上的改变，以及宗教工作的不断推进发展，那种不能换位思考、以领导意志为转移的，单向政令强化式的宗教工作方式，已经有了极大的转变。多数宗教干部都能够倾听信教群众呼声，为信教群众解决各种问题。但在日常工作中还会经常出现感觉“力不从心”的现象，事前认为策划得十分细致，已经为信教群众想得很周全，但实际操作起来阻力很大。其主要原因就是对宗教常识的缺乏，不能够想信教群众之所想、急信教群众之所急。目前，就全国范围内来看，各级宗教主管部门很少能够在内容上进行系统的宗教常识与礼仪培训，致使宗教干部队伍的整体宗教素质偏低。不能认为见到佛教法

① 戴晨京：《宗教工作本质上是群众工作——对开展党的群众路线教育实践活动的体会》，《中国民族报》，2013年9月10日。

师，双手合十；见到道教道长，打个拱手，就是对宗教的尊重了。很难想象一个不懂宗教的人，如何能够做好宗教工作。只有与信教群众“心贴心”，信教群众才能与党和政府“同心同行”。①

发挥宗教界人士和信教群众在促进经济社会发展中的积极作用，主体是发挥信教群众的积极作用。一是要坚持政治上团结合作、信仰上互相尊重，努力使宗教界人士和信教群众在拥护中国共产党的领导和社会主义制度、热爱祖国、维护祖国统一、促进社会和谐等重大问题上增进共识，增强党在信教群众中的吸引力和凝聚力。鼓励和支持宗教界继续开展好“双五好”评比表彰活动，引导信教群众爱国爱教、勤劳致富。二是要加强对信教群众的思想政治工作，深入进行爱国主义、集体主义、社会主义教育，进行社会主义荣辱观教育，普及科学文化知识特别是现代科学知识，使信教群众更好地为中国特色社会主义事业贡献力量。要通过教育和引导，增强信教群众的国家意识、公民意识、法制意识，在行使宗教信仰自由权利的同时，切实履行宪法和法律法规规定的义务。三是要鼓励和支持信教群众广泛开展健康向上的文化活动，引导他们丰富精神生活。鼓励和支持宗教团体在政策法律允许的范围内开办实体，引导信教群众合理参与社会公益慈善事业，鼓励他们在扶贫救灾、助学济困、服务社会方面多做有益工作。四是要真心实意地关心信教群众特别是生活困难的信教群众，引导广大信教群众追求现世美好和谐的生活，帮助他们解决实际困难，组织和支持他们积极发展生产、改善生活、勤劳致富，使广大信教群众切实感受到党和政府的关怀和温暖。群众观点和群众路线的重要内容是维护人民群众的利益。这种

① 王孺童：《只有深入信教群众，才能作好宗教工作》，中国民族宗教网，2014 年 10 月 28 日。

利益又可以分为眼前利益和长远利益。毛泽东同志说过："一切空话都是无用的，必须给人民以看得见的物质福利。"① 历史和现实都启示我们，只要我们帮助群众解决生产生活中的实际困难，群众就会发自内心地拥护党和政府。我们要加大对信教群众的科技培训，在政策上给予优惠扶持，引导他们立足岗位做好本职工作，鼓励和支持他们从事生产经营活动，努力使他们成为"有文化、懂技术、会经营"的新型的社会主义劳动者和建设者。

（三）贯彻党的群众路线，做好信教群众工作，要切实加强和改进宗教工作作风

宗教事务部门和宗教工作干部直接面对信教群众，是贯彻党的群众路线、服务信教群众的主体，在信教群众的心目中，直接代表着党和政府的形象。当前，一些宗教工作干部在密切联系信教群众、服务信教群众的实践中，在作风建设特别是形式主义、官僚主义、享乐主义、奢靡之风方面存在一些问题，在一定程度上影响、制约着宗教工作的发展和质量提高，影响着党和政府在信教群众中的良好形象。因此，切实加强和改进政府宗教事务部门工作作风，是一项十分迫切的要求。

习近平强调："工作作风上的问题绝对不是小事，如果不坚决纠正不良风气，任其发展下去，就会像一座无形的墙把我们党和人民群众隔开，我们党就会失去根基、失去血脉、失去力量。改进工作作风，就是要净化政治生态，营造廉洁从政的良好环境。"② 新一届

① 毛泽东：《经济问题与财政问题（节选）》（1942年12月），《毛泽东文集》第2卷，人民出版社，1993年版，第467页。

② 习近平：《在第十八届中央纪律检查委员会第二次全体会议上的讲话》（2013年1月22日）。

中央领导集体以作风建设为突破口，出台“八项规定”“六项禁令”，向世人展示了为民、务实、清廉的崭新形象，深受广大人民群众欢迎，国内外好评如潮。紧接着在全党开展群众路线教育实践活动，聚焦“四风”问题，剑指作风建设，可谓有的放矢，击中要害。宗教部门是管理宗教事务的具体承担者，其作风好坏、治理能力强弱，直接影响到宗教关系的和谐稳定。因此，我们要通过这次群众路线教育实践活动，着力解决本部门存在的“四风”问题。

解决“四风”问题，首先必须找准问题。形式主义表现在学习、调研、工作、纪律等各方面，做表面文章，轻实际效果，存在上行下效、依葫芦画瓢，以会议贯彻会议、以文件落实文件的问题，存在重布置轻检查、重过程轻结果问题。官僚主义方面，重管理轻服务，主动服务意识不强；待在机关多，到基层调研指导少，攻坚克难办实事不够；开拓创新精神不强，习惯老思路老办法，不善于运用新思路新办法分析和解决问题。享乐主义方面，存在安逸思想，精神状态不佳，意志有所衰退；工作有畏难情绪，要求不高，满足于一般化过得去，弱势部门弱势标准；组织纪律不严，有庸懒散软现象。奢靡之风方面，不比奉献比待遇，相互攀比，过分追求物质待遇；撑面子、讲排场，公务活动、公务接待超标准，“三公”经费支出多。通过群众提、自己找、上级点、互相帮，找准靶子，有的放矢。

切实解决“四风”方面存在的突出问题，是一个改造主观世界、增强锤炼党性的过程，也是一个十分艰苦甚至痛苦的思想转变过程。群众意见对领导干部认识和解决自身问题有重要的促进作用。民主评议，往往能使领导干部的思想受到深刻触动和教育。领导成员之间的互相启发和帮助，也是促其解决问题的一个重要因素。要通过开展谈心、民主生活会等方式，开诚布公地开展批评。群众和领导成员之间的帮助，毕竟只是思想转变的条件，这些外因最终要通过

内因而起作用。解决问题，归根结底还是取决于领导干部自身的主观努力，每个领导干部不仅要有自我批评的勇气，更要有接受批评的勇气，有海纳百川的雅量和虚怀若谷的胸襟，虚心接受来自各方面的批评意见，并痛下决心严于解剖自己，真正从世界观、人生观、价值观上解决“四风”方面的问题。

抓廉洁自律，树立宗教事务部门和宗教团体良好形象。宗教工作是争取人心、调动人心、凝聚人心的工作。没有良好的形象、不能赢得信教群众的认可和支持，很难做好宗教工作。一些宗教事务部门和宗教团体人员自律不严，不同程度地追名逐利、贪图享乐、铺张浪费等，损害了宗教事务部门和宗教团体的形象，引起了信教群众的不满甚至被信教群众疏远。应在宗教团体中倡导节俭朴素之风，珍惜和用好每一分钱，帮助信教群众解决生产生活中的实际困难；规范财务管理制度，自觉接受信教群众的监督，提高透明度，增强公信力，不断提高廉洁办教水平；抓好宗教工作干部廉洁自律，加强廉政思想教育，严明政治纪律，推进依法行政；加强宗教事务部门廉政风险防控等制度建设，促进干部廉洁从政，认真落实中央改进工作作风、密切联系群众的八项规定，深入开展以为民务实清廉为主题的党的群众路线教育实践活动，赢得信教群众的支持和拥护。

三　做好新形势下信教群众工作的几个重要环节

新形势下信教群众工作政治性、政策性强，也比较复杂敏感，必须深化认识，明确方向，把握关键，抓住重点。2015 年全国宗教工作会议强调，要以创新的精神推动解决宗教领域的突出问题。我们要充分认识新形势下宗教工作的重要性，进一步增强做好宗教工作的责任感和使命感，下大力气做好信教群众工作。

（一）牢固树立马克思主义宗教观，是做好信教群众工作的重要前提

马克思主义宗教观是在辩证唯物主义和历史唯物主义的基础上形成的关于宗教问题的总的观点和看法，为我们观察和处理宗教问题提供了最为科学的世界观和方法论，也是我们做好信教群众工作的理论基础。马克思主义经典作家在观察宗教问题时，关注的不仅是“教”，更重要的是受“教”影响的广大群众，团结和带领他们为争取现实的幸福生活而奋斗。做好新形势下的信教群众工作，首先要牢固树立马克思主义的宗教观，切实提高运用马克思主义的立场、观点和方法来处理宗教问题的能力和水平。长期以来，我们党坚持把马克思主义宗教观与中国实际相结合，形成了一整套关于宗教问题的基本理论、基本观点和基本政策。特别是改革开放以来，我们党着眼于国际国内形势的深刻变化，立足于推进中国特色社会主义事业，在处理社会主义初级阶段宗教问题的实践中发展了马克思主义宗教观，概括出宗教问题的“三性”① 特点，确立了宗教工作的“四句话”基本方针②，阐述了宗教关系理论，提出了发挥宗教的积极作用等重大命题和新的观点，丰富和完善了我们党的宗教理论，形成了中国特色社会主义的宗教理论，成为中国特色社会主义理论体系的有机组成部分，是马克思主义宗教观中国化的最新理论成果。在当代中国，坚持马克思主义宗教观，最重要的就是坚持中国特色社会主义的宗教理论，在实践中发展这一理论，为信教群

① 三性：即宗教存在的长期性、宗教问题的群众性和特殊的复杂性。

② 四句话：全面贯彻党的宗教信仰自由政策，依法管理宗教事务，坚持独立自主自办的原则，积极引导宗教与社会主义社会相适应。

众工作提供理论支持。

做好新形势下的宗教工作，要坚持以马克思主义宗教观统一思想。切实加强马克思主义宗教观的宣传教育，引导党员干部正确认识宗教与社会的关系、宗教与国家的关系、宗教与政党的关系，把握宗教问题的长期性、群众性、复杂性规律，充分认识宗教在经济社会发展中的重要地位和作用，充分认识宗教界人士在促进经济社会发展中的特殊重要作用，充分认识广大信教群众在建成小康社会中的积极作用，使思想认识的高度、领导重视的程度、综合投入的力度，跟上形势任务发展变化的新挑战、新要求，明确做好宗教工作、管理好宗教事务是党的事业、国家意志、政府行为，是举足轻重的大事，不是无关紧要的小事；是必须做好的工作，不是可有可无的工作，要以满腔的政治热情、激昂的事业情怀、蓬勃的工作干劲，在平凡的宗教工作战线上建功立业、成就人生。

（二）贯彻落实宗教工作基本方针，是做好信教群众工作的关键所在

全面理解和认真贯彻党的宗教工作基本方针，既是做好新形势下的宗教工作的关键，也是对做好新形势下宗教工作的根本要求。

信教群众工作是宗教工作的根本任务，当然也要以宗教工作基本方针为指导。党的宗教工作的基本方针，是我们党把马克思主义宗教观中国化，在深刻认识宗教存在的长期性、宗教问题的群众性和宗教工作的复杂性的基础上，科学总结长期以来党的宗教工作实践的基础上提出的，即：全面贯彻党的宗教信仰自由政策，依法管理宗教事务，坚持独立自主自办的原则，积极引导宗教与社会主义社会相适应。

近年来，我国各宗教之间、信教和不信教群众之间以及信仰不同宗教群众之间之所以能够保持团结和谐、彼此尊重、和睦共处的良好局面，广大信教群众能够为促进社会和谐和经济社会发展做贡献，靠的就是坚持贯彻党的宗教工作基本方针。

当前，我国信教群众工作面临一些新情况和新问题，比如信教群众持续增长，因不尊重信教群众的信仰、伤害信教群众感情、侵害信教群众合法权益引发的矛盾冲突时有发生；境外敌对势力利用宗教进行渗透、与我争夺信教群众的斗争日趋激烈；一些地方宗教团体脱离信教群众，等等。只有不折不扣地落实好宗教工作基本方针，我们才能妥善应对信教群众工作面临的复杂局面，增强广大信教群众对党和政府的感情，共同致力于国家富强和民族振兴。

党的宗教工作基本方针就是党中央已经确定下来的宗教事务工作的基本方针，是我们党的基本理论、基本路线、基本纲领、基本经验、基本要求的重要组成部分，各级各部门的党员、干部，特别是宗教事务部门的党员、干部，只能认真学习、深刻领会，全面正确地贯彻落实，而决不允许阳奉阴违、偷梁换柱、蓄意篡改、讲条件、打折扣，更不允许在各种媒体和公开场合散布与之相反的言论。最近，有的部门领导在自己控制的本系统内部刊物上公然对这一基本方针提出异议，批评这一“政策口号”表述“不够科学”“有弊病”，妄图篡改这一基本方针，在社会上造成很坏的影响，客观上是在败坏党中央的权威，误导各级干部群众，给全面正确贯彻落实党的宗教工作基本方针添乱。这是极其错误的，也是决不能允许的，必须予以批评、及时纠正。①

① 冯今源：《坚持依法治国 做好宗教工作》，中国宗教学术网，2014年7月4日。

做好新形势下的宗教工作，要坚决贯彻执行党的宗教工作基本方针。把贯彻执行党的宗教工作基本方针，作为党性培养、党性锻炼的重要内容，作为党员干部尤其是领导干部必备的基本政治素养，以坚强的党性、严明的纪律、严谨的作风，确保党的宗教信仰自由政策落到实处，防止和纠正处理宗教事务简单粗暴的行为，杜绝采取行政手段、以强迫命令方式干涉公民宗教信仰自由的行为，把团结争取宗教界和信教群众的工作做好做扎实。面对当前党内外和社会上对宗教问题出现的不同观点，重申政府部门的宗教工作必须坚持党的领导，必须贯彻科学发展观要求，必须贯彻依法治国、建设法治政府理念，宗教事务管理中的各项行政许可、业务安排、活动开展等必须严格依法行政，依法办事，依法管理，严格管理。坚持宗教独立自主自办原则，坚决遏制境外敌对势力利用宗教不断加大对我进行渗透、破坏的势头，充分发挥宗教工作协调机制的作用，与相关职能部门协作协同协力，把境外敌对势力对我实施渗透的方式、路径、手段，摸清、搞透，共同构筑起抵御宗教渗透的“防火墙”，为党中央分忧，为党委、政府解难，确保安定团结，确保社会稳定。要结合各地区宗教工作实际，紧紧围绕加强和创新宗教事务管理这条主线，牢固树立“保护、管理、引导、服务”的理念，切实贯彻以人为本、正面引导、依法行政、综合施策的要求，精心谋好宗教领域和谐稳定之篇，统筹布好加强创新宗教工作之局，为做好新形势下的宗教工作提供保障、增添动力。

（三）健全宗教工作的体制机制，是做好信教群众工作的制度保证

体制机制带有根本性和长期性。做好信教群众工作，必须有强有

力的领导体制和高效的工作机制做保障。信教群众工作涉及方方面面，需要党委政府和社会各有关方面共同努力。必须进一步完善党委统一领导、党政齐抓共管、宗教工作部门综合协调、相关部门各司其职、社会各方共同参与的工作格局，发挥宗教工作领导小组、宗教工作协调小组、宗教工作联席会议等组织机构在信教群众工作中的领导和协调作用。

信教群众工作政治性、政策性、专业性强，要重视发挥好党委统战部、政府宗教事务部门等职能部门的作用。信教群众主要集中在基层，要重视加强县级政府宗教工作部门的机构建设，将宗教工作延伸到乡镇、落实到社区。还要建立健全宗教工作矛盾排查调处机制和应急管理机制，及时妥善处置涉及宗教方面的群体性事件，防止各类矛盾叠加升级，严防敌对势力利用宗教问题、裹胁信教群众参与制造事端，影响社会的安定团结。

宗教团体作为党和政府联系广大信教群众的桥梁和纽带，在做好信教群众工作中具有特殊作用，要支持他们加强自身建设，切实发挥作用。爱国宗教界人士和宗教教职人员队伍对信教群众有着重要影响，要把握新形势下爱国宗教人士成长的特点和规律，努力造就一支政治上靠得住、学识上有造诣、品德上能服众的爱国宗教人士队伍，发挥他们在团结、教育和引领信教群众方面的重要作用。有党和政府的坚强领导、有相关部门的协同配合和社会各方面的理解支持，就能够为信教群众工作提供制度保障，形成强大合力。

抓基层基础，健全宗教工作的体制机制。各地要在党委统一领导下，建立和完善由党委统战部负责的宗教工作协调机制。统战部作为党委的职能部门，要加强对涉及宗教方面重大问题的研究和协调。政府宗教工作部门作为政府的职能部门和行政执法主体，要依法加强对宗教事务的管理。各有关部门和工会、共青团、妇联等人民团体要在职责范围内支持宗教工作的开展，形成互相配合、团结合作的良好局面。一是加强调查研究，摸清宗教工作的“家底”特别是信教群众的数量、结构和特征，完善宗教工作基础数据库建设，深入宗教界人士和信教群众中间，真诚倾听他们呼声，真实反映他们愿望，真情帮助他们解决实际困难；二是加强协调配合，加强地区、部门间的协作，进一步完善党委统一领导、党政齐抓共管、宗教事务部门综合协调、相关部门各司其职、社会各方面共同参与的工作格局；发挥宗教工作领导小组、宗教工作联席会议等组织机构的领导和协调作用，重视发挥好党委统战部、政府宗教、公安等职能部门的作用；三是加强责任落实，根据信教群众主要集中在基层的特点，重视加强基层宗教工作，进一步推进县、乡、村三级宗教工作网络，落实市、县、乡、村四级工作责任，将宗教工作延伸到乡镇、落实到社区，确保信教群众的工作有机构管、有人员抓，能抓到基层、落到实处。

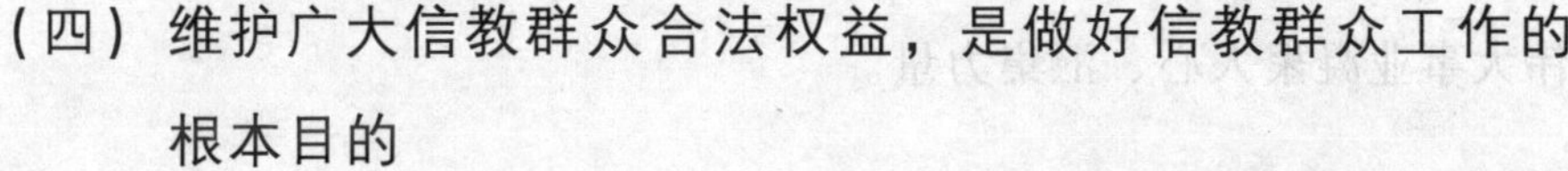

（四）维护广大信教群众合法权益，是做好信教群众工作的根本目的

马克思说：“人们为之奋斗的一切，都同他们的利益有关。”[①] 我们党反复强调“群众利益无小事”。这里的“人们”和“群众”，当然也包括信教群众。从这个意义上讲，做好新形势下的信教群众工作，首先必须维护好他们的合法权益。

在社会主义制度下，广大信教群众与不信教群众在政治上与经

① 《马克思恩格斯全集》第1卷，人民出版社，1956年版，第82页。

济上的根本利益是一致的。从政治上讲，都坚持中国特色社会主义道路、热爱祖国、拥护中国共产党的领导；从经济上看，都赞成中国特色社会主义的基本经济制度，他们参与国家政治和社会生活的权利，参与国家经济建设的权利都能得到有效保障，能够共享国家经济社会发展的成果。由于思想信仰上的特殊性，信教群众又不同于普通群众，因此维护信教群众的利益，最重要的是尊重他们的特殊信仰，维护他们宗教信仰的自由和权利。正是因为如此，我们国家始终把宗教信仰自由作为公民的一项基本权利加以保障，我们党始终把宗教信仰自由作为一项基本政策加以实施。

在推进社会主义现代化事业中，必须继续从保障基本人权的高度维护信教群众信仰宗教的权利，从巩固党的执政基础的高度贯彻党的宗教信仰自由政策，把争取、团结和教育宗教界人士，密切联系信教群众纳入党和政府的重要工作，致力于加强广大信教和不信教群众的团结。只要我们充分尊重信教群众的自由选择，真心维护他们的合法权益，满足他们的精神生活需要，他们的心情就会更加舒畅，就能真心实意的团结在党和政府周围，为中国特色社会主义伟大事业凝聚人心、汇集力量。

四　增强新形势下做好信教群众工作的本领

在国际形势风云变幻、国内社会深刻变革的关键时期，信教群众的工作面临新的形势和挑战，必须把握其特点和规律，努力增强做好信教群众的工作的本领。

（一）做好新形势下信教群众工作，要增强党性修养，提高自身素质

我们的宗教工作，说到底是一个教育、争取、团结群众的问题，是一个使全体信教的和不信教的群众团结起来，把他们的意志和力量集中到建设社会主义现代化强国这个共同目标上来的问题。我们要以实际行动和工作成果来增强包括信教群众在内的广大人民群众对改革开放和现代化建设的信心，增强对党和政府的信任。

领导干部首先要把树立马克思主义宗教观与加强党性修养，改造自己的主观世界紧密结合起来，一定要自重、自省、自警、自励，提高自身的素质。领导干部在“两个文明”建设中要以身作则、率先垂范、勤政廉政，努力塑造好自身形象。这样，我们就不仅能以真理的力量、政策的力量，而且能以人格的力量赢得信教群众和宗教界人士的信任，从而有足够的威望与力量引导宗教与社会主义社会相适应。

（二）做好新形势下信教群众工作，要提高促进宗教关系和谐的能力

十六大以来，中央着眼于构建社会主义和谐社会，把宗教关系列为我国社会和政治生活领域中涉及党和国家工作全局的五个重大关系之一，强调要促进宗教关系和谐。中央关于宗教关系的新论述，开拓了马克思主义宗教观中国化的新境界，对于新形势下信教群众工作具有重要意义。我们要始终把促进信教群众之间、信教群众与不信教群众之间、信仰不同宗教群众之间的关系和谐作为信教群众工作的根本目的，贯穿信教群众工作始终。特别是要把促进宗教和

谐的理念贯彻到宗教工作的方针政策、法律法规和工作举措之中，积极引导广大信教群众继承和弘扬各宗教教义、宗教道德和宗教文化中有利于社会和谐的内容，牢固树立和践行宗教和谐理念，努力建设和谐宗教，以宗教自身的和谐促进社会和谐。近年来，境外敌对势力利用宗教对我进行渗透的活动日益加剧，专门实施了针对信教群众的"松土工程"，在信教群众中制造分裂，与我们党和政府争夺群众基础，影响宗教关系的和谐，影响社会稳定，对此必须保持高度警惕，加强正面宣传教育，帮助广大信教群众认清敌对势力的不良企图，增强他们对党和政府的信任，筑牢抵御渗透的铜墙铁壁，维护宗教领域的稳定和团结。

（三）做好新形势下信教群众工作，要提高化解宗教方面矛盾的能力

当前，我国宗教领域的矛盾主要是人民内部矛盾，但是由于国际国内形势的复杂影响，往往对抗性矛盾和非对抗性矛盾相交织，国内问题和国际问题相交织，涉及民族问题，牵扯历史因素，因此有些矛盾是复杂的甚至是尖锐的。而且由于宗教涉及人的思想信仰，涉及大量信教群众，关系到社会稳定、民族团结和祖国统一，因此化解宗教方面矛盾，首先要牢牢把握宗教方面的矛盾主要是人民内部矛盾这一基本判断，全面认识宗教因素在人民内部矛盾中的特殊地位，正确区分两类不同性质的矛盾。对宗教方面的矛盾区别对待，分类处理，对症下药。对于因为信仰不同产生的矛盾，要用说服教育的办法、民主讨论、耐心疏导的办法，而不能用行政命令强制压服，因为"企图用行政命令的方法，用强制的方法解决思想问题，是非问题，不但没有效力，而且是有害的。我们不能用行政命令去消灭宗教，不能强制人

们不信教。不能强制人们放弃唯心主义，也不能强制人们相信马克思主义。”[①] 对于对抗性的矛盾、敌我矛盾如抵御渗透、反分裂等，要坚决斗争，严厉打击。还要学会运用经济手段解决因利益问题引发的宗教矛盾，用法律手段解决因管理问题引发的宗教矛盾。在依法治国的新形势下，要注意加强对广大信教群众的法制教育，引导他们通过正当渠道依法理性反映利益诉求，维护自身的合法权益。还要注意发挥宗教界代表人士在处理宗教领域矛盾中的特殊作用。无论是处理哪种类型的宗教矛盾，都要始终坚持维护法律尊严、维护人民利益、维护民族团结、维护国家统一的原则。

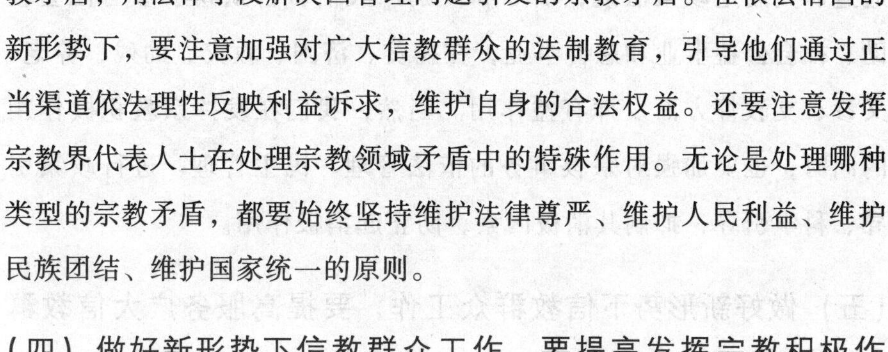

（四）做好新形势下信教群众工作，要提高发挥宗教积极作用的能力

十八大报告和党章强调，在全面建设小康社会的历史进程中，要发挥宗教界人士和信教群众在促进经济社会发展中的积极作用，团结信教群众为经济社会发展做贡献。这就要求我们在做好信教群众工作中，切实提高发挥宗教积极作用的能力。首先，必须辩证地看待宗教的社会作用，和任何一种社会现象一样，宗教的社会作用也具有两重性，既有积极的一面，也有消极的一面。过去，由于曾受“左”的思想影响，许多人把宗教看作是一种消极落后的社会现象，把信仰宗教的群众看作是愚昧异己的社会群体，认为“非我族类”、“其心必异”，导致在工作中简单粗暴。现在，我们要用科学的方法对待宗教，更多地发掘和弘扬宗教积极的一面，真正把信教群众当成自己人。其次，要加强对广大信教群众的组织、宣传、教

① 毛泽东：《关于正确处理人民内部矛盾的问题》，见《毛泽东著作选编》，中共中央党校出版社，2002年1月第1版。

育和引导，增强宗教界人士和信教群众的国家意识、公民意识和法律意识，鼓励他们发扬爱国爱教、团结进步、服务社会的优良传统，把时间和精力更多地用到发展生产、勤劳致富、改善生活上来。要通过研究制定政策法规，引导和鼓励广大信教群众积极参与社会救助、社会公益事业和慈善事业，在扶贫、济困、救灾、助残、养老、义诊、支教等方面发挥有益作用。当然，我们在发挥宗教积极作用的同时，也要加强对宗教事务的依法管理、民主管理，进行政策引导、科学引导，抑制其消极因素，防止起消极作用。

（五）做好新形势下信教群众工作，要提高服务广大信教群众的能力

尽管这些年来我国信教群众的结构正在发生变化，但是老年人多、妇女多、文化程度低的人多、体弱多病的人多、农村人口多、老少边地区的人多的现象并没有发生根本变化。大多数信教群众在社会上仍属需要帮助和照顾的群体，因此做好信教群众的工作，除了加强教育引导，还要增强服务信教群众的意识和本领，帮助他们解决生产生活和宗教生活的困难和问题。从事信教群众工作的干部，要自觉站在人民立场上想问题办事情，带着深厚的感情做信教群众工作，关心信教群众，服务信教群众，用事实说话，以实践服人。要真诚倾听信教群众呼声，多深入基层进行调查研究，多深入宗教界人士和信教群众中间，与他们手拉手谈心、面对面接触、心贴心交流，了解他们的所思所想，问计于民，问需于民。要真实反映信教群众愿望，注意拓宽和畅通信教群众反映问题的渠道，加强和改进宗教方面的信访工作，确保信教群众有地方说话，他们的意见和建议能够原汁原味反映到党和政府有关部门，汇聚民意，集中民智。

要真情关心信教群众疾苦，既为他们开展正常宗教活动、满足精神需要创造必要条件，又要组织和支持他们积极发展生产、改善生活、勤劳致富，让他们共享改革发展成果，切实感受到党和政府的关怀和温暖。

做好信教群众工作是宗教工作的根本任务，是新形势下宗教工作的重大理论和实践课题，也是对我们党的执政能力和政府的管理能力的考验。我们必须从事关党的事业兴旺发达和国家长治久安的战略高度，全面贯彻党的宗教工作基本方针，努力做好新形势下信教群众工作，着力激发广大信教群众的爱国热情和建设中国特色社会主义事业的积极性，把他们同不信教群众团结在一起，共同为经济社会发展做贡献。

第八章

全面加强党对宗教工作的领导

宗教工作是党的工作重要组成部分。正确认识和处理宗教问题，切实做好宗教工作，关系党和国家工作全局，关系社会和谐稳定，关系全面建成小康社会进程，关系中国特色社会主义事业发展。加强和改善党对宗教工作的领导，是新形势下做好宗教工作的根本保证。

坚持加强和改善党的领导，主要是指各级党委和政府要坚持以邓小平理论、“三个代表”重要思想和科学发展观为指导，坚持党的宗教工作基本方针，着力激发信教群众的爱国热情和建设中国特色社会主义事业的积极性，把他们同不信教群众团结在一起，共同为实现中华民族伟大复兴的中国梦、为中国特色社会主义的经济社会发展做出积极贡献。

当前，国内外环境正在发生深刻变化，宗教领域也出现了许多新情况新问题，中央关于加强和创新社会管理的决策部署对宗教工作提出了新要求，我国宗教领域的发展变化对宗教事务管理提出了新课题。各级宗教工作部门党委和领导同志应当深刻把握社会发展

大势，深入研究宗教发展规律，充分认识加强和创新宗教事务管理的重要意义，坚定全面贯彻党的宗教工作基本方针的自觉性和主动性。

在2015年全国宗教工作会议上，国家宗教局局长王作安强调，要坚决贯彻中央关于宗教工作的重大决策部署，以法治的方式推进宗教工作，以创新的精神推动解决宗教领域突出问题，以中国梦的伟大理想凝聚广大信教群众力量，努力为全面建成小康社会、全面深化改革、全面推进依法治国营造团结稳定的社会环境。在会议上，国家宗教局副局长蒋坚永还对贯彻会议精神提出几点要求，一是抓紧汇报，主动争取地方党委、政府对涉及宗教方面重大问题的重视，并根据国家宗教局对2015年工作的总体部署，结合本地实际，提出本省（区、市）的工作部署和安排；二是抓紧传达，把会议精神及时传达到各级宗教工作干部和宗教团体负责人，把要求部署不折不扣地落到实处、落到基层；三是抓好调研，形成有分量、高水平的调研报告，为中央研究宗教工作提供决策参考。① 要把这次宗教工作会议精神落到实处，关键在于加强领导，扎扎实实地工作。各级党委和政府要充分认识做好宗教工作的重要性，增强责任感和紧迫感；各部门、各方面要加强协调，密切配合，努力开创宗教工作新局面。

一　加强和改善党对宗教工作的领导

党对宗教工作的领导，主要是政治领导，掌握政治方向和重大方针政策。因此，各级党委和政府不能事无巨细地去抓每一件事，

① 《2015年全国宗教工作会议在京召开》，国家宗教事务局网站，2014年12月27日。

而是要管大事、抓大事，尤其要加强对涉及宗教重大问题的领导。衡量各级党委和政府对宗教工作抓得好不好、得力不得力的标准，主要有四条，即：党的宗教政策是否得到落实，宗教事务管理是否走上法制化轨道，与民族、宗教问题相关的矛盾纠纷是否得到有效预防和妥善处理，信教群众与不信教群众是否团结一致共同致力于社会主义现代化建设。

各级党委和政府要高度重视宗教工作，把宗教工作列入重要议事日程，及时研究和处理宗教方面的重大问题。要关心和支持统战、宗教工作部门的工作，加强马克思主义宗教理论研究工作队伍建设，加强政府宗教事务部门建设，加强宗教工作干部队伍建设。各级党委和政府要从战略和全局的高度认识宗教工作的重要性，统一思想，明确任务，把宗教工作列入重要议事日程，进一步加强宗教工作，为改革发展稳定的大局服务。

重视并善于做好宗教工作，是各级领导干部政治上成熟的一个重要表现，是中国共产党巩固和扩大党的群众基础，提高领导水平和执政能力的必然要求。各级党委和政府要从党和国家事业发展全局的战略高度，适应新形势新任务的要求，进一步加强和改善对宗教工作的领导，推动宗教工作不断迈上新台阶。

（一）发挥宗教界人士和信教群众的积极作用

加强党的领导，巩固和发展党同宗教界的爱国统一战线。要在爱国主义和社会主义的旗帜下，继续巩固和发展党同宗教界的爱国统一战线。各级领导干部以及统战、宗教工作部门要支持宗教团体加强自身建设，做好培养人的工作，使宗教团体和寺观教堂的领导权牢牢掌握在爱国爱教的宗教人士手中。要加强同宗教界代表人士

的联系，及时掌握他们的思想状况，把做深入细致的思想工作同帮助他们解决实际问题结合起来，成为他们可信赖的朋友。对一些宗教教职人员中出现的错误思想和行为，要进行严肃的批评教育，帮助他们不断提高政治觉悟。要经常听取宗教界人士的意见和建议，凡涉及宗教方面的重大问题，要同他们充分协商。

加强党对信教群众的领导，才能更好地发挥信教群众的主人翁地位，相信信教群众能够办好自身内部事务，依靠信教群众完成宗教工作任务，落实宗教信仰自由政策。宗教界人士是统战工作的重要对象，是党领导的爱国统一战线的重要组成部分。宗教界人士一直是广泛的爱国统一战线的一个组成部分，政治上要对他们给予充分肯定。要宣传无神论，但不能把有神论和无神论的区别等同于政治上的对立。要坚持政治上团结合作、信仰上互相尊重。同时教育广大干部和群众，对宗教，不能用行政命令办法，但宗教方面也不能搞狂热，否则同社会主义、同人民的利益相违背。共产党尊重和保护宗教信仰自由，但不等于要提倡和宣扬宗教，人为地扩大宗教的影响，任凭一些宗教任其自流地发展。宗教的一个重要特点，就是宗教界人士占有十分重要的地位，对信教群众的精神生活影响很大。通过宗教界人士联系信教群众，是我们做信教群众工作的一个重要途径。当然，我们不能仅止于此，还需要直接联系信教群众，直接做信教群众的工作。尊重和保护信教群众的宗教信仰自由，不等于放弃思想政治工作，放弃教育引导工作。要重视加强对信教群众的爱国主义教育、社会主义教育、法制教育、公民道德教育等，引导他们在拥护党的领导、走中国特色社会主义道路、维护民族团结和社会稳定、促进祖国统一等重大问题上形成广泛共识。

发挥宗教界人士和信教群众在促进经济社会发展中的积极作用，

是各级党委、政府贯彻落实党的宗教工作基本方针带有根本性质的重大举措和有效方法，应作为宗教工作的一项重要内容，纳入宗教工作的总体部署，列入宗教事务管理责任制，与其他工作一起落实，一起考核。要加强对信教群众的思想政治工作，深入进行爱国主义、社会主义教育，进行社会主义荣辱观教育，团结、帮助、教育和引导信教群众增强社会责任感，增强公民意识和法律意识，合理表达利益诉求，自觉维护法律尊严、维护祖国统一、维护社会稳定、维护民族团结。实现好、维护好、发展好信教群众的根本利益，真心实意地关心信教群众特别是生活困难的信教群众，引导他们追求现世美好的生活，组织和支持他们积极发展生产，改善生活，勤劳致富，共享改革开放的成果，使广大信教群众切实感受到关怀和温暖，增强对党和政府的感情。要充分发挥宗教对于促进社会和谐的积极作用，努力实现宗教与社会和谐相处，推动“和谐宗教”建设。对在促进经济社会发展中发挥积极作用的宗教界人士和信教群众，一方面要加大对他们的宣传；另一方面在各级人大、政协中对其代表人士可作适当政治安排，为他们提供合理的利益诉求渠道，鼓励他们参政议政，真正做到政治上团结合作、信仰上相互尊重，增强党在信教群众中的凝聚力。

抓管理引导，充分发挥爱国宗教团体的作用。宗教团体是我国各宗教由宗教教职人员和信教群众参加的爱国爱教的联合组织或教务组织，是党和政府联系、团结、教育宗教界人士和信教群众的桥梁，对信教群众有着重要影响。政府宗教事务部门应切实加强对宗教团体的管理，引导和支持宗教团体，加强思想、组织、制度和教风建设。宗教团体则应在政府宗教事务部门的支持引导下，认真履行工作职责，加强自我管理和自我约束，加强对信教群众的正确教

育引导，组织正常的宗教活动，办好教务，提高服务信教群众的能力和民主办教水平。应防止宗教团体机关化现象，防止宗教团体人员脱离实际、脱离信教群众，高高在上。依照国家有关法律法规和团体章程的规定，宗教团体要建立健全各项自我管理制度，抓好制度执行，做到按制度程序办事，不断增强对信教群众的凝聚力和感召力，切实发挥好桥梁和纽带作用，当好政府宗教事务部门落实群众路线、服务信教群众的好参谋、好助手。

（二）充分发挥党委、政府的主导作用

党的领导是做好宗教工作的关键，这是经验的结晶。在任何情况下，只要党委重视，就没有解决不了的宗教问题；反之，如果党委不重视，即使是一件小事，有时解决起来也困难重重。宗教工作涉及社会的方方面面，需要协调各方面才能落实到实处，这种协调作用只能由党委核心班子成员出面才能做好。

宗教事务是特殊的社会事务，涉及面宽，具有政治性强、政策性强、知识性强和敏感性强等“四强”特征，是一项复杂的社会系统工程。宗教工作是党的工作的重要组成部分，各级党委、政府在思想上要高度重视，措施上要落实到位，各部门要大力合作，只有这样才能做好党的宗教工作。

各有关部门要大力支持做好宗教工作。宗教问题从来都不是孤立存在的，涉及到社会生活的诸多方面，具有特殊复杂性。宗教是一种复杂的社会现象，与政治、经济、文化、教育等许多方面都有联系。只要有信教群众的地方，就有贯彻落实党的宗教政策的任务，就有宗教工作。宗教工作既是宗教部门的事，但又不单单是宗教一个部门的工作。各地、各部门都要互通情况，密切协作，相互配合，

共同做好宗教工作。

党委统战部门和政府宗教部门要认真贯彻《宗教事务条例》，不断提高依法管理宗教事务的水平。统战部门重点要贯彻落实好党的宗教工作基本方针，认真贯彻《宗教事务条例》，抓好爱国宗教团体建设，选好人、用好人，确保宗教组织的领导权牢牢掌握在爱国爱教人士手中。政府宗教事务管理部门要按照《宗教事务条例》的要求，依法加强对宗教事务的管理，加强宗教工作干部队伍建设，重视基层宗教工作，加强三级网络建设，建立健全宗教工作机制。公安部门要加大对邪教和利用宗教进行渗透的国外敌对势力的打击力度，维护社会稳定。各级统战部和宗教局要把发挥宗教界人士和信教群众在促进经济社会发展中的积极作用作为宗教工作的主要抓手，通过对宗教界人士的培养教育和对宗教事务的管理，努力引导宗教界人士和信教群众积极投身中国特色社会主义事业建设，为促进经济社会发展做出积极贡献。

1. 加强宗教工作三支队伍建设

管理宗教事务有三支队伍，一是党政干部队伍；二是统战民宗干部队伍；三是宗教人士队伍。宗教工作职能部门的干部，特别是职能部门的领导干部素质的高低和执政能力，一定程度上直接关系到一个地区宗教工作的面貌。要使宗教工作真正做出成效，关键在于直接从事宗教事务管理工作的干部应真正成为“行家里手”。处理宗教问题的主体是党和政府的各级领导干部。各级党政主要领导和分管领导、宗教干部要坚持努力学习马克思主义宗教观，全面理解和正确贯彻党的宗教政策，掌握必要的宗教知识，善于领导和驾驭宗教工作，努力在处理复杂的宗教事务中增长才干。重视宗教工作，善于做宗教工作，是领导干部政治上成熟的一个重要表现，也是我

们党提高领导水平和执政能力的必然要求。各级领导干部必须认真学习、领会和掌握党关于宗教问题和宗教工作的基本观点和基本政策，加强宗教领域的调查研究，全面掌握情况，及时研究解决重大问题，在处理复杂的宗教事务中增长才干。

加强宗教工作干部队伍建设是做好宗教工作的重要前提。要努力建立一支适应新形势下宗教工作的要求，具有很强的政治和大局意识、较高的理论政策水平、丰富的宗教专业知识、严谨细致的工作作风的宗教干部队伍。加强宗教工作干部队伍的建设，一是建立宗教工作干部队伍的遴选机制，尽量选择具有宗教专业知识的人才进入宗教管理部门。二是加强宗教工作干部队伍的培训，通过灵活多样的形式进行宗教工作培训。一个是从事宗教工作的干部要有民族宗教知识的培训，一个是宗教教职人员要有社会法规、政治文化及其宗教理论实践的培训，这种外延式和内涵式的学习培训必须并重，使其具备在这一范围工作的资质。培训的内容可分为两个方面：关于宗教知识、宗教文化、宗教理论等基础理论内容以及关于宗教工作的方法技巧及如何处理宗教突发事件等具体实践的内容。这样才能为宗教工作干部今后提高工作效率，妥善处理难题打下坚实的基础。

造就一支政治上靠得住、学识上有造诣、品德上能服众、关键时起作用的合格宗教教职人员队伍，加强宗教团体自身建设，团结带领广大信教群众爱国爱教、遵纪守法、团结进步、奉献社会；按照“政治素质、宗教学识、道风修养、管理水平、遵纪守法”等要求，建立健全宗教教职人员年度考核制度，促进宗教教职人员队伍建设，全面提高宗教教职人员的综合素质。

2. 要以抓好基层干部队伍建设促进宗教工作创新发展

在宗教形势较为复杂，宗教工作面临巨大挑战的情形下，宗教工作干部队伍的整体素质对于宗教工作的效率来说至关重要。所以，要加强宗教工作干部队伍，尤其是基层干部队伍的建设。

要加强基层组织建设，坚持不懈地对基层干部和广大党员进行马克思主义宗教观、党的宗教政策和国家法律法规的教育。整顿软弱涣散的基层组织，按有关规定妥善处置信仰宗教的党员。要做好群众工作，加强教育引导，帮助群众解决生产和生活中的实际问题。广泛开展社会互助和公益活动，引导和丰富群众的精神文化生活，改善干群关系，增强党和政府对信教群众的凝聚力。

加强党对宗教工作的领导，加大对基层干部的宗教政策学习培训力度，使他们学会做宗教工作，并善于做宗教工作。统战、宗教部门要向党委、政府主要和分管领导及时请示汇报有关宗教工作，使党委和政府领导随时掌握本地区的宗教工作动态，争取他们对宗教工作的重视和支持。"打铁先得自身硬"，要通过举办各类培训班、报告会、研讨会等形式，提高基层干部，特别是乡镇党政主要领导、宗教工作成员单位领导和宗教工作重点村两委会班子负责人的宗教政策水平，多教给他们如何做好宗教工作的方法和技巧，努力建设一支懂宗教政策、会做宗教工作的基层干部队伍。多年实践经验表明，做好宗教工作的一条重要经验，是做宗教界上层人士的工作，通过他们来做广大信教群众的工作。基层干部，特别是领导干部，要敢于到宗教人士中间去，到信教群众中间去，广交朋友，宣传政策，听取意见，帮助他们解决实际困难，通过扎实有效的工作，使党的宗教信仰自由政策落到实处，落到宗教界人士的心上，温暖人心，凝聚人心，巩固和扩大党在宗教界的爱国统一战线。

（三）坚持依法治国，依法管理宗教事务

加强和改善党对宗教工作的领导，要注重发挥法治在管理宗教事务中的重要作用。党的十八大报告指出："党的领导……需要更加注重发挥法治在国家治理和社会管理中的重要作用，维护国家法制统一、尊严、权威，保证人民依法享有广泛权利和自由。"在宗教工作中，就是要求依法对宗教事务进行管理。依法管理宗教事务是指政府依法保护宗教团体和寺观教堂的合法权益，保护宗教教职人员履行正常的教务活动，保护信教群众正常的宗教活动，防止和制止不法分子利用宗教和宗教活动制造混乱、违法犯罪，抵制境外敌对势力利用宗教进行渗透。当然，依法对宗教事务进行管理，是为了使宗教活动纳入法律、法规和政策的范围，而不是去干预正常的宗教活动和宗教团体的内部事务。为此，需要我们不断完善有关宗教事务管理方面的法律、法规，提高各级领导干部尤其是宗教工作部门干部的宗教法治意识与依法办事观念，做到有法必依、执法必严、违法必究，公开、公正、公平执法。

1. 探索转变宗教管理工作的方式

我国长期以来实行的是一种自上而下的行政主导型的宗教事务工作模式。这种宗教事务的管理模式已不能适应今天中国社会的宗教发展局势，例如家庭教会、网络宗教活动的发展，都增加了政府监管的难度。改变行政主导型的宗教事务管理模式或许会有助于管理困境的破解，就是将宗教管理工作社会化。宗教管理工作的社会化恰恰符合我国社会管理体制改革中，党委领导、政府负责、社会协同、公众参与的社会管理格局的设计。宗教工作社会化，是指宗教事务管理部门在政府的领导下，采用经济、行政、法律等多样化

的方式，充分挖掘和整合利用各种社会资源，增进社会各层面对宗教工作的了解认识，动员参与、支持宗教工作，动员宗教与社会主义社会相适应的一切积极因素来协调宗教经济、社会事业的各方面发展，同时自觉抵制各种消极因素，是社会转型时期宗教工作一种新的管理方式。① 换句话说就是使宗教工作变为社会工作，就是“去行政化”。宗教工作社会化的最大结果之一，就是可能使宗教问题逐步“脱敏”，成为社会问题的一种，使中国政府的宗教管理工作依据固有的法律架构，把宗教问题与其他问题，如政治、民族、治安、安全等，在制度层面分离出来。

2. 加强网络宗教活动的监管

如今宗教传播方式的变革，使任何现实世界的宗教活动在网络的虚拟世界都可实现。网民只要轻点鼠标，就可到达网上任何内容，可谓一切触手可及。所以，要加强网络宗教活动的监管，以防被一些不法分子利用，在网络上进行一些不法活动。

（1）制定关于网络宗教活动管理的法律法规。所有政府的监管工作都应在法律法规的指导下进行。

（2）培训具有宗教知识的网络监管工作人员。宗教具有特殊性、复杂性等特征，只掌握信息技术的工作人员无法对网络宗教活动进行有效的监管。只有掌握了宗教知识，才能区分正常的宗教活动及表达和虚拟社会中涉及宗教的非法行为，如宗教极端主义等。

（3）政府部门要善于利用网络，引导网络上的舆论。对于网上宗教活动的管理，不能仅仅靠屏蔽等封堵的方式。网络也可成为政

① 李晟赟：《宗教工作社会化——社会转型时期宗教管理模式的新思路》，《重庆社会主义学院学报》，2 011 年第 5 期。

府工作的工具和帮手。宗教管理部门要建立一套网络信息引导机制，不仅要在现实社会引导宗教发挥它的积极作用，而且还要注意引导虚拟社会的宗教活动。可以在网络上建立正规的宗教网站，发布宗教知识的信息，引导正常的宗教活动秩序。如果发现一些涉及宗教的敏感性言论或事件，要及时发布正面信息，引导正确的网络舆论导向，形成良好的舆论氛围。

二　加强马克思主义宗教观和中国特色社会主义宗教理论的教育

马克思主义宗教观教育是以马克思主义宗教观的基本理论为教育内容，以培养受教育者树立科学精神为教育目的，通过学习马克思主义宗教观的基本观点，深入地理解共产党的宗教政策，并在实践中将这些观点灵活应用于分析和解决与宗教相关的实际问题的思想教育形式。马克思主义宗教观教育是运用马克思主义宗教观的经典理论基础上，结合不同时期党和国家的中心任务，针对干部和群众对宗教问题上产生的模糊的、不正确的认识进行宣传教育的一个具体实践的过程，通过受教育过程来启发广大干部群众树立正确的宗教观的实践活动。

马克思主义宗教观的教育包涵非常丰富的内容，针对不同的对象，教育的内容也有所不同。

（一）对党员干部进行马克思主义宗教观和无神论教育

加强党对宗教工作的领导，还需要对广大党员干部进行马克思主义宗教观教育，引导他们贯彻好党的宗教政策和国家的有关法令，

切实提高宗教工作干部队伍素质，从组织建设上为做好信教群众工作提供保障。坚持不懈地对党员、干部进行马克思主义宗教观和党的宗教政策的宣传教育，把宗教理论政策纳入各级党校和行政学院的教学内容。各级领导干部特别是高级干部和从事宗教工作的同志，要尽量较多地掌握有关宗教方面的基本知识。

要坚持马克思列宁主义、毛泽东思想、邓小平理论和“三个代表”重要思想在我国意识形态领域的指导地位。教育党员、干部坚定共产主义信念，正确理解党的宗教政策，懂得不信仰宗教是做一个合格共产党员的起码条件。广大党员、干部要认真学习和掌握辩证唯物主义的认识论。共产党员不但不能信仰宗教，而且应该积极宣传无神论，宣传科学的世界观，宣传反对封建迷信的正确观点。新闻出版等单位及其管理部门的工作人员要认真学习党关于宗教的方针政策，掌握宗教方面的基本知识，防止由于无知而违反宗教政策、伤害信教群众情感，给工作造成损失。

各级党委和政府要加强思想政治工作，坚持不懈地对党员、干部进行马克思主义宗教观和党的宗教政策的教育。共产党员是马克思主义政党的成员，毫无疑问应当是无神论者，而不应当信仰宗教、参加宗教活动。要教育党员、干部坚定共产主义信念，正确理解党的宗教政策，懂得不信仰宗教是做一名合格共产党员的起码条件。要注意防范宗教对党员思想的侵蚀，永葆共产党员的纯洁性和先进性。对于基层离退休党员干部，要政治上关爱，生活上关心，切实帮助解决他们生活上的实际困难。要按照有关政策妥善解决个别共产党员信仰宗教、参与宗教活动的问题，对笃信宗教、丧失党员条件的，对利用职权助长宗教狂热的，要严肃处理。在几乎全民信教的少数民族地区，一些生活在基层的共产党员参加某些带有宗教色

彩、属于民族传统的群众性活动问题，应当按照具体情况区别对待，既要在思想上同宗教信仰划清界限，又要在生活中适当尊重和随顺民族的风俗习惯。

要加强马克思主义宗教观、党的宗教政策的宣传教育和宗教理论政策研究。坚持不懈地对党员、干部进行马克思主义宗教观、党的宗教政策的宣传教育。要教育党员、干部坚定共产主义信念，防止宗教的侵蚀。要大力普及科学文化知识，加强对人民群众特别是青少年的科学世界观（包括无神论）教育，提高全民族的思想道德素质和科学文化素质。出版、文艺、广播、影视、互联网等单位及其管理部门的工作人员要学习党的宗教政策，掌握宗教方面的基本知识。涉及宗教内容的出版物，应当符合《出版管理条例》的规定，并不得含有破坏信教公民与不信教公民和睦相处、破坏不同宗教之间和睦以及宗教内部和睦、歧视、侮辱信教公民或者不信教公民、宣扬宗教极端主义、违背宗教的独立自主自办原则的内容。

（二）共产党员不能信仰宗教和参加宗教活动

改革开放以来共产党员信教问题日益突出，已经成为一个不争的事实。近年来，随着社会上信仰宗教的人增多和对宗教认识的日益多样，一个值得注意的现象是，共产党员参与宗教活动、与宗教界人士建立密切私人关系的现象逐渐增多，有的党员实际上成为宗教信徒。

据人民网报道，中央巡视组在向 2014 年第二轮巡视的各省区市、单位反馈意见中，批评一些地方少数党员信仰宗教、参与宗教活动。这是一个很重要的动向，它表明，少数党员背离党的辩证唯物主义世界观转而投向宗教的问题，已经引起中央有关方面重视，

并纳入纪律工作的视野。共产党员不能信仰宗教，本来是我们党从建立之初起就一贯坚持的重要思想原则和组织原则，是没有任何疑义的。2014 年 9 月召开的中央民族工作会议上，习近平同志再次指出，党员要坚决执行不信仰宗教、不参加宗教活动的规定，在思想上同宗教信仰划清界限，同时尊重和适当随顺民族风俗习惯，以利于更好联系信教群众，把他们紧紧团结在党和政府的周围。[①]

改革开放以来党组织的快速发展，客观上对党的思想建设提出了更高要求。对于青年党员，应当鼓励他们自觉加强马克思主义宗教观和无神论的学习。对于离退休党员，党组织除了关心他们的物质生活，也要关心他们的精神生活，防止他们因参加党的组织生活减少，受社会宗教环境的影响而在思想上逐渐滑向宗教。

共产党员不能信仰宗教。马克思主义政党在任何情况下，都要防止宗教对自身肌体和党员思想的侵蚀。针对党内一些同志在宗教问题上的模糊认识，有必要把加强马克思主义宗教观和无神论的宣传教育作为一项重要任务，帮助广大党员在思想上划清唯物主义与唯心主义的界限，在实践中划清群众有宗教信仰自由权利和党员不得信仰宗教的界限。

马克思主义宗教观要求，共产党员要做完全彻底的无神论者，不能信仰任何宗教。这源于我们党是以马克思主义武装起来的中国工人阶级、中国人民和中华民族的先锋队，是具有共产主义信念和彻底无神论精神的先锋战士。毛泽东同志早在《关于农村调查》中就指出："我们是信奉科学的，不相信神学。"无产阶级政党对其成员的基本要求就是不能信仰宗教，针对部分党员对宗教信仰问题认

① 朱维群：《"党员不能信教"原则不可动摇》，《环球时报》，求是网，2014 年 11 月 14 日。

识不清，信仰和参加宗教活动的情况，共产党的态度和立场非常的坚决，“在党内进行无神论教育，帮助党员划清共产主义同宗教信仰的界限。”①

中国共产党对党员不能信教和参加宗教活动的态度是十分明确的。1982 年，在邓小平同志领导下制定的中共中央文件《关于我国社会主义时期宗教问题的基本观点和基本政策》（即中央 19 号文件）中明确表述：“我们党宣布和实行宗教信仰自由的政策，这当然不是说共产党员可以自由信奉宗教。党的宗教信仰自由的政策，是对我国公民来说的，并不适用于共产党员。一个共产党员，不同于一般公民，而是马克思主义政党的成员，毫无疑问地应当是无神论者，而不应当是有神论者。我们党曾经多次做出明确规定：共产党员不得信仰宗教，不得参加宗教活动，长期坚持不改的要劝其退党。这个规定是完全正确的，就全党来说，今后仍然应当坚决贯彻执行。”②必须强调指出，共产党员是无神论者，不论出身哪个民族，都要坚持唯物论和无神论，不应该信教。同时我们共产党人是无神论者，应当坚持不懈地宣传无神论。不能因为中国共产党宣传宗教信仰自由，更不能说因为宗教信仰自由，就对共产党员信教问题缩手缩脚，不敢进行教育。共产党员不但不能信仰宗教，而且必须要向人民群众宣传无神论、宣传科学的世界观。毋庸置疑，马克思辩证唯物主义与宗教唯心主义是两种完全不同、尖锐对立的世界观，无法被同时拥有，否则将成为思想的混乱者。此消彼长，如果共产党员背弃政治信仰，其精神世界必然被宗教所占据，甚至被封建迷信所侵袭。

① 《统一战线问题与民族问题》，人民出版社社，1982 年版，第 556 页。

② 《新时期宗教工作文献选编》，宗教文化出版社，1995 年版，第 66－67 页。

共产党员不能把自己混同于一般群众，在思想上、政治上和行动上要自觉按照党章标准严格要求自己，不但不能信仰宗教，而且应当积极宣传辩证唯物主义和历史唯物主义，尽到一个共产党员引导群众崇尚科学文明、追求社会进步的责任。

党员信教和参加宗教活动危害巨大。“共产党员是工人阶级的有共产主义觉悟的先锋战士，是无神论者，只能信仰马列主义、毛泽东思想，不得信仰宗教，不得参加宗教活动。共产党员信仰宗教，参加宗教活动，违背党的性质，削弱党组织的战斗力”①。党员信仰宗教和参加宗教活动，破坏了党的纯洁性，也削弱了中国共产党是全中国各族人民利益的忠实代表这一党性原则。同时可能造成误导，引起思想上的混乱，降低“党在群众中的威信，也不利于正确贯彻执行党的宗教政策”②。如果允许党员信教，将使我们党从思想上、组织上自我解除武装，从一个马克思主义政党蜕变为一个非马克思主义政党。为此，共产党员要增强党的意识和信仰意识，站在党内团结统一的高度，自觉坚持党的指导思想、拥护党的方针政策、执行党的基本宗旨，不断淬炼坚定的党性、铸造高尚的精神。

要把加强教育放在解决党员信教问题的首位。根据党中央的一贯精神，对参加宗教活动和有宗教意识的党员要立足于教育，耐心地帮助他们回到马克思主义的立场上来，坚定共产主义信念，而不是一味迁就。对利用职权助长宗教狂热，支持滥建寺观教堂的，要严肃地进行批评教育；经教育仍不悔改的，要按照《中国共产党纪律处分条例》和相关党内文件的规定给予处分。党的宗教工作干部

---

① 《中共中央组织部关于妥善解决共产党员信仰宗教问题的通知》（1991 年 1 月 28 日），《新时期宗教工作文献选编》，宗教文化出版社，1995 年版，第 205 页。

② 同上。

尤其不能信仰宗教，对这部分党员干部的教育和管理尤其要严格。

《中共中央组织部关于妥善解决共产党员信仰宗教问题的通知》指出："各级党组织，尤其是宗教势力影响较大的地方，要经常对党员进行马克思主义无神论的教育，进行党的基本知识和科学文化知识教育。帮助党员树立辩证唯物主义和历史唯物主义的世界观，摆脱唯心主义宗教观念的束缚，正确理解党的宗教政策，懂得不信仰宗教是做一个合格共产党员的起码条件"[①]。

在全民信教的少数民族中，对"还不能完全摆脱宗教影响"的一部分同志，"各级党组织不应当简单地加以抛弃，而应当在充分发挥他们的政治积极性的同时，进行耐心、细致的思想工作"[②]。我国一些民族地区往往也是传统宗教影响比较大的地区，广大少数民族党员在维护民族团结、保持边疆稳定等方面发挥着重要作用，也应当是宣传教育的重点。在一些多数人口信教的少数民族中，可以允许党员对一些从宗教转化来的民族习俗、礼仪采取灵活态度，以避免脱离群众，但思想上的要求不能降低。

《中国共产党纪律处分条例》第五十六条规定："组织、利用宗教活动反对党的路线、方针、政策，煽动骚乱闹事，破坏国家统一和民族团结的，对策划者、组织者和骨干分子，给予开除党籍处分。对其他参加人员，情节较轻的，给予警告或者严重警告处分；情节较重的，给予撤销党内职务或者留党察看处分；情节严重的，给予开除党籍处分。对不明真相被裹挟参加，经批评教育后确有悔改表现的，可以免予处分或者不予处分。有其他违反党和国家宗教政策

① 《中共中央组织部关于妥善解决共产党员信仰宗教问题的通知》（1991年1月28日），《新时期宗教工作文献选编》，宗教文化出版社，1995年版，第205页。

② 《中共中央印发〈关于我国社会主义时期宗教问题的基本观点和基本政策〉的通知》（1982年3月31日），《新时期宗教工作文献选编》，宗教文化出版社，1995年版，第67页。

的行为，情节较轻的，给予警告或者严重警告处分；情节较重的，给予撤销党内职务或者留党察看处分；情节严重的，给予开除党籍处分。”[①] 这是党处理党员信仰宗教和参加宗教活动的政策界限，所有共产党员都应引起足够的重视。

总之，共产主义信仰与宗教信仰有本质的区别，共产党员不得信仰宗教，加强无神论教育对共产党员来讲，本来是应有之意。明确共产党员不能信教，认清信教的危害，加强思想上教育，组织上处理，可以进一步划清宗教信仰与共产主义信仰的界限，明确差别，严明纪律，保持党的纯洁性和先进性。

（二）对人民群众特别是青少年进行科学世界观的教育

一个民族的思想道德和科学文化素质是民族凝聚力和文化软实力的重要基础，关系到一个民族的未来，提高全民族的思想道德素质和科学文化素质就要坚持对包括信教和不信教群众在内的全国各族人民，进行爱国主义、集体主义、社会主义的教育，要加强法制教育和公民道德建设，开展普及科学文化知识特别是现代科学知识。这与共产党的宗教信仰自由政策并不矛盾，因为实行宗教信仰自由政策，尊重信教群众的信仰，但这并不是说就可以放弃对他们的思想政治工作，放弃在他们中开展思想道德建设和科学文化教育的工作。要加强人民群众特别是青少年的科学世界观包括无神论的宣传教育，通过不断的教育使他们成为有理想、有道德、有文化、有纪律的社会主义建设者。

坚持不懈地向人民群众特别是广大青少年进行辩证唯物主义和

① 《〈中国共产党党内监督条例（试行）〉、〈中国共产党纪律处分条例〉》，中国方正出版社，2004 年版，第 35 页。

历史唯物主义的宣传教育，不断扩大科学精神和科学思想的阵地，提高全民族的思想道德和科学文化素质。对广大群众进行马克思主义宗教观的宣传教育，使他们在复杂的宗教现象和宗教问题面前弄清什么是宗教，如何正确处理宗教问题，增强群众的免疫力、识别力和判断力，从而使全国人民尤其是青少年树立科学的宗教观，是迫在眉睫的大事。

进行马克思主义宗教观的教育，要采取的是辩证唯物主义的态度，不能强制让群众接受无神论的思想，也不能用行政命令去消灭宗教，但不代表就要忽视马克思主义宗教观和科学无神论的教育，对宗教放任自流，不加管理。

坚持宗教信仰自由和政教分离，在学校教育中要坚持教育与宗教相分离。教育部在《关于正确处理少数民族地区宗教干扰学校教育问题的意见》中强调“六点不得”以保障学校正常开展教育教学工作，六点中包括不得在学校向学生宣传宗教，灌输宗教思想；学校不得停课集体进行宗教活动；不得强迫学生信仰宗教，不得强迫他们当和尚、喇嘛或满拉等；不得以任何形式在学校开设或讲授宗教课；不得利用宗教干扰或破坏学校的正常教学秩序；不得以任何形式干扰或阻挠学校向学生进行马列主义、毛泽东思想教育和科学文化教育。任何组织和个人不得利用宗教进行妨碍国家教育制度的活动。

由于旧社会遗留下来的旧思想、旧习惯不可能在短时间内消除，科学文化知识普及程度不够，在一定地区，封建迷信现象仍然存在。这个时候中国共产党教育群众“凡迷信一定要破除，凡真理一定要保护。”[①] 通过对群众进行宣传教育“肃清封建主义残余影响，对广

① 《毛泽东文集》第七卷，人民出版社，1996年版，第449页。

大干部和群众来说，是一种自我教育和自我改造，是为了从封建社会遗毒中摆脱出来，解放思想，提高觉悟，适应现代化建设的需要，努力为人民作贡献，为社会作贡献，为人类作贡献。”① 不是说宗教信仰自由就不能进行马克思主义宗教观的教育，我们“提倡科学，宣扬真理，反对愚昧无知、迷信落后，加强马列主义的宣传。这不管对人民群众或部队，都是同等重要的。”②

用唯物史观和科学思想武装全党，在广大群众中普及科学知识，要坚持不懈地抓下去。科学知识、科学思想、科学方法和科学精神，可以引导人们奋发图强、积极向上，促进人们牢固地形成正确的世界观、人生观和价值观，促进人们实事求是地创造性地进行社会实践活动。要把科普知识工作作为实施“科教兴国”战略的重要任务和社会主义精神文明建设的重要内容，切实加强起来，在全社会大力弘扬科学精神、宣传科学知识、传播科学方法，使中华民族的科学文化水平不断提高。促使广大群众自觉地抵制各种错误思潮和腐朽思想的影响，培养科学的健康的文明的生活方式，使他们真正成为奋发进取的社会主义劳动者和建设者。

各级党委和政府要指导宣传部门向人民群众特别是广大青少年进行辩证唯物主义和历史唯物主义（包括无神论）的宣传教育，加强有关自然现象、社会进化和人的生老病死、吉凶祸福的科学文化知识的宣传，帮助广大人民群众树立科学的世界观和人生观。要进行中国特色社会主义宗教理论、党的宗教政策、宗教方面的法律法规和基本知识的宣传，引导人民群众正确认识和对待宗教。在继续

① 《邓小平文选》第二卷，人民出版社，1993年版，第335－336页。

② 《邓小平文选》第一卷，人民出版社，1993年版，第25页。

运用传统宣传手段的同时，要高度重视运用网络媒体进行宣传。在进行无神论宣传时，要特别注意把握好政策，不能损害群众宗教信仰自由的权利，不能伤害信教群众的宗教感情。新闻媒体要客观报道宗教工作和宗教领域的新闻事件，正确引导社会舆论。同时，出版、文艺、广播、影视、互联网等单位从业人员要学习党的宗教政策，掌握宗教方面的基本知识，防止工作中发生违反宗教政策、伤害信教群众情感的事件。

各级党校和行政学院要把中国特色社会主义宗教理论纳入教学内容。高校要强化无神论和唯物主义的教育，注重培养大学生的科学精神。要加强马克思主义宗教观和党的宗教政策的宣传，并开设一些宗教学方面的选修课，介绍宗教的基本知识，指导大学生运用马克思主义的立场观点和方法认识宗教，自觉抵御宗教观念以及各种有神论的侵蚀。

三　要高度重视少数民族中的宗教工作

我们国家是由56个民族组成的多民族国家，民族宗教问题自古以来就一直是关系国家兴衰、百姓幸福的重大问题。做好少数民族中的宗教工作，对于促进少数民族地区的经济发展，巩固和发展民族团结，维护国家安全和边疆稳定，具有十分重要的意义。

（一）要明确民族问题与宗教问题的联系与区别

我国既是一个多民族的社会主义国家，又是一个有多种宗教的国家。在历史发展过程中，形成了既有一个民族信仰一种宗教，又有一个民族信仰多种宗教，或一种宗教的信徒跨越多个民族、多个

国家的局面。世界几大主要宗教都是跨民族、跨国界的宗教，这就使宗教不仅本身成为国际关系和世界政治中的一个重要因素，而且又往往同国家与国家、民族与民族的矛盾和冲突交汇在一起，起到推波助澜的作用，对国际关系和世界政治产生不可低估的影响。

在宗教同民族的关系问题上，各个民族和各种宗教有不同的情况。有些少数民族基本上全民信仰某一种宗教，如伊斯兰教和喇嘛教，那里的宗教问题和民族问题往往交织在一起；但在汉族中，佛教、道教、天主教和基督教则同民族问题基本没有联系。因此，要善于具体地分析各个民族和各种宗教的不同情况，善于体察民族问题与宗教问题的区别和联系，并且正确地加以处理。一定要警惕和反对任何利用宗教狂热来分裂人民，破坏各民族之间团结的言论和行动。

宗教往往使一个民族具有凝聚力，而民族又往往使某种宗教具有生命力。民族借助宗教张扬其个性，宗教利用民族扩大其影响。当一种宗教被某一个或某几个民族基本上全民族信仰时，会出现特殊的两重作用：一方面强化民族的凝聚力，成为民族的神圣的旗帜，一方面强化狭隘民族主义和排他性，容易被黑暗势力所利用。当狭隘的民族主义与宗教极端主义相结合时，就有可能产生很大的破坏力量。

中国的宗教问题和民族问题从来不是孤立存在的，它们是中国社会总问题的一个有机组成部分，宗教问题解决好了，有利于国家的发展和进步。在领导中国这样一个多民族大国进行社会主义现代化建设的伟大实践中，我们党如果不能清醒而坚定地掌握这一方面的问题，我们就不能很好地团结各族人民共同前进。

要高度重视少数民族中的宗教工作，注意宗教问题与民族问题的关系和区别，着眼于民族的团结和进步，警惕和反对任何利用宗教破坏各民族之间团结的行为。党的宗教政策是否得到落实，宗教事务管

理是否走上法制化轨道，与民族、宗教问题相关的矛盾纠纷是否得到有效预防和妥善处理，信教群众与不信教群众是否团结一致共同致力于社会主义现代化建设，应该成为衡量各级党委和政府对宗教工作抓得好不好、得力不得力的标准。各级党委和政府要把提高宗教工作干部队伍的素质，作为提高宗教工作水平、开创宗教工作新局面的基础性工作，下大力气抓好抓实，努力建立一支适应新形势下宗教工作要求，具有很强的政治和大局意识、较高的理论政策水平、丰富的宗教专业知识、严谨细致的工作作风的宗教干部队伍。

(二) 高度重视和做好少数民族中的宗教工作

在少数民族聚集的地区，一些民族基本是全民信教，境外宗教对我国的传教和境外敌对势力利用宗教对我国进行的渗透和分化，更是不可避免使当地的民族宗教问题变得越加的复杂。近百年来，在帝国主义的扶持下西藏和新疆的分裂势力一直在利用宗教进行破坏祖国统一的活动，这就加剧了少数民族宗教问题的复杂性。新时期，我们必须充分认识民族宗教问题在当代中国社会总问题中的地位，切实从促进中华民族特别是少数民族的发展和进步和加强民族团结，维护祖国统一的高度来分析问题。

中国共产党一直重视少数民族地区马克思主义宗教观的宣传教育工作，在少数民族地区加强马克思主义宗教观教育，帮助群众正确认识当地的历史、民族和宗教问题，才能更好地贯彻落实中国共产党的宗教信仰政策，促进经济社会和谐发展。在少数民族地区，马克思主义宗教观的宣传教育一定要尊重少数民族的宗教信仰和风俗习惯。建国初期，党中央派出汉族干部到少数民族地区工作，但是由于汉族干部对少数民族地区的宗教情况缺乏了解，政治思想水

平和思想觉悟不够，简单地照搬了汉族地区的工作方法和经验处理少数民族地区的问题，党中央发现这一问题后，马上开展了对少数民族地区汉族干部的教育，教育以马克思主义宗教观和民族宗教政策等为主要内容。中共中央和地方还发出了关于慎重处理少数民族问题的指示，要求在进行少数民族地区社会改革的过程中，涉及宗教信仰和风俗习惯等方面问题时，一定要慎重，在没有经过上级批准的前提下，不得开展宣传这个方面的改革口号。在新的形势下，我们要注意研究民族宗教工作的新情况、新问题，时刻关注少数民族群众和信教群众的思想动态，提高我们认识民族宗教问题的水平和处理民族宗教问题的担当能力。要善于发动群众、宣传群众、组织群众。这就要求我们学习群众工作方法，用少数民族群众听得懂的语言、信教群众不忌讳的方式和他们打交道、交朋友；要求我们在新形势下努力创造发动与组织群众的新方式、新方法。

新形势下少数民族宗教工作中面临着新的情况，这对我们做好少数民族中的宗教工作提出了新的要求。第一，少数民族地区的党政领导要高度重视少数民族中的宗教工作，处理宗教问题要着眼于民族团结和进步，警惕和反对任何利用宗教破坏民族团结的行为；第二，要高举维护法律尊严、维护人民利益的旗帜，准确把握民族、宗教问题的特定含义，妥善处理因民族、宗教因素引发的突发事件和群体性事件；第三，要坚决同利用宗教进行的分裂破坏活动作斗争。

做好少数民族中的宗教工作，既要做好聚居区的工作，也要做好散居区的工作。这些地区的党政领导要熟悉党的民族、宗教政策，掌握当地民族、宗教方面的基本情况，经常联系其代表性人物。要大力发展少数民族地区教育、科技、文化、卫生事业，做好社会救济和社会保障工作，增强党和政府在少数民族群众中的凝聚力。要

重视研究城镇化过程中的民族宗教工作，为少数民族群众进城提供就业、就学、住房、医疗、司法及文化宗教礼仪等方面的服务，逐步解决少数民族地区群众与城市相互不适应的问题，使他们真正拥有平等机会，享受市民待遇。宗教活动场所是信教群众的精神家园，我们要加强引导管理，合理规划布局，满足信教群众过宗教生活的需要。要在政治上、生活上关心工作在基层的少数民族党员、干部，既要教育他们坚定共产主义信念，不信仰宗教，又要尊重他们的民族风俗习惯。

(三) 坚决反对宗教极端主义，依法打击“三股势力”

宗教极端主义势力是以宗教名义从事暴力恐怖活动的政治组织。它具有政治性、隐秘性、团伙性和暴力性的特征。宗教极端主义歪曲伊斯兰教教义，宣扬通过“圣战”消灭异教徒，建立伊斯兰政教合一的国家。宗教极端主义欺骗群众特别是受教育程度较低的青少年将此视为宗教职责和义务，将暴恐行为视为实现这一目标的“合法”手段，严重污染了民族地区广大青少年健康成长的社会环境，严重毒害了我少数民族青少年的心灵。

宗教极端主义势力与民族分裂势力和暴力恐怖势力相勾结，从事煽动破坏活动，危害社会政治稳定。“三股势力”挑起宗教内部矛盾，破坏宗教内部团结，严重伤害了宗教界人士和信教群众的感情。“三股势力”无视人民生命财产安全，肆意践踏法律尊严，蓄意制造暴力恐怖事件，残害无辜群众，严重破坏了正常社会秩序和发展环境，破坏了各族群众的幸福生活。宗教极端主义势力的活动对我国新疆地区的民族关系和社会稳定造成了严重的危害。

在党的领导和宗教政策的指引下，许多爱国宗教人士和信教群

众能够同“三股势力”分子进行斗争，拥护依法严厉打击“三股势力”，为维护民族团结和祖国统一做出了贡献。新形势下，我们在民族地区的工作，要紧紧围绕促进发展维护稳定来进行。在发展方面，民族地区的工作应抓住一个根本——集中力量发展经济，改善人民生活；在稳定方面，识别和处理涉及民族、宗教方面的事端时应高举两面旗帜——维护人民利益，维护法律尊严。打击宗教极端主义、民族分裂主义和暴力恐怖主义是维护新疆社会政治稳定的重要任务。

“三股势力”打着“民族”和“宗教”的旗号招摇撞骗、胡作非为，代表不了任何民族，也代表不了任何宗教。宗教极端主义分子制造暴恐，绝不是民族问题和宗教问题，但也与民族、宗教问题有些关联。因此，当我们说宗教极端主义不是宗教问题的时候，要防止对宗教的歧视性误解，阐明宗教极端主义和国家所保护的宗教信仰之间的区别；要防止对宗教的崇扬性夸大，看到宗教有被利用、被曲解、蜕变为极端主义的可能性。所以，我们应该审慎地认识到：在政治、法律层面上，宗教极端主义不是宗教问题；但是在宗教教义思想上，要防止宗教被利用、被曲解为极端主义的可能性。①

为了不给宗教极端主义留市场，要建立全民性的思想工作和宣传教育体系。新疆暴恐势力打着民族、宗教旗号，蛊惑性特别强。许多暴恐分子没有受过多少国民教育，也未必懂得什么泛突厥主义、泛伊斯兰主义，他就是看一部境外传入的宗教极端主义宣传品，转眼之间就可以从一个普通人变成“圣战”杀人者。新疆意识形态领域斗争特别要加强反宗教极端主义教育，向群众讲清楚什么样是正

① 王珍：《反对宗教极端主义，需要认真审视“宗教极端主义不是宗教问题”》，《中国民族报》，2014年6月3日。

常的宗教生活，什么样是宗教极端主义。与宗教极端主义斗争，要重视发挥爱国宗教人士的作用，让信教群众在他们指引下过正常宗教生活，压缩宗教极端主义的潜在市场。要努力创造一个社会环境，使年轻人不仅在学校里，而且在学校外；不仅在学龄阶段而且在九年义务教育之后，仍然有经常接受现代科学文化教育的机会，从源头上堵住宗教极端主义。①

四 做好农村宗教工作和城镇化进程中的宗教事务管理工作

我国的信教群众绝大部分在农村，宗教领域的问题也大多表现在农村。随着我国从农村社会向城镇社会转变，我国的城镇化进程逐步加快，城镇正日益成为宗教问题和宗教工作的中心，城镇宗教工作的压力不断增大。

（一）要加强农村宗教工作

改革开放以来，党在农村的宗教政策得到了落实，我国宗教适应并服务于社会主义现代化建设，为社会稳定和发展做出了贡献。做好农村宗教工作对于保持农村社会政治稳定、巩固基层政权、维护农民利益和促进农村两个文明建设具有重要作用。

新时期，在广大农村，宗教工作遇到许多新情况、新问题，主要表现为农村教堂多，宗教活动频繁；信教群众多，外来传教布道

① 朱维群：《处理暴恐事件要从民族宗教问题中脱敏》，《凤凰时局观》第25期，2014年4月2日。

的人较多；宗教教职人员队伍的整体素质不高，宗教内部存在教派纷争；宗教引发事件时有发生；宗教活动场所的管理有待进一步规范；一些宗教活动场所年久失修，存在安全隐患以及乱建宗教活动场所现象仍在一定程度存在等。

大力加强农村的宗教工作，要把解决农村宗教问题纳入经济、社会发展的全局。要深入开展马克思主义宗教观、党的宗教政策和法律、法规的教育，使广大党员干部，特别是乡（镇办）、村（居）党员干部对宗教问题的正确认识，依照党和国家的政策和法律管理宗教事务，提高理论水平和业务素质，改变一些基层干部对宗教工作不愿管、不敢管、不会管的状况。要把宗教工作作为农村工作的一项重要工作纳入目标责任制考核，着力健全和完善基层宗教工作“五级”管理网络，切实解决农村宗教工作无人抓、无人管的现象，从根本上改变对非法宗教活动放任自流的局面。

要加强农村宗教工作机构和干部队伍建设，建立健全县、乡、村三级宗教事务管理网络，建立乡（镇）、村两级宗教工作责任制，依法加强对农村宗教事务的管理。在执法过程中，坚决制止滥建寺庙和露天大佛，纠正那种“宗教搭台，经济唱戏”的提法和做法。坚决制止宗教干涉教育、干预农村政权的现象。对那些打着宗教旗号，从事违反国家法律，损害人民利益，制造民族分裂，破坏国家统一的违法行为，要依法坚决予以打击。依法加强宗教管理，坚决取缔教派的非法活动。在充分听取有关方面意见和实地调查研究的基础上，尽快制定和完善宗教管理的相关法规，严格神职人员持证上岗制度，对一些在广大群众中散布各种歪理邪说，打着各种幌子蛊惑人心、愚弄民众、腐蚀人们灵魂、扰乱社会秩序的邪教，要依法坚决打击，取缔私设会点和家庭会点。

要进一步加强农村基层党政组织的思想、组织和作风建设，关心群众疾苦，做好思想工作，帮助群众解决实际问题。要建设和完善好农村各种文化生活设施，通过开展健康向上的各种文体活动转变部分群众落后的思想观念，让村民在农闲之余学习知识，发展技能，提高素养。要发扬宗教界济世救人的奉献精神，为农村的各种公益、福利慈善事业做贡献。大力发展农村经济、减轻农民负担、提高农民生活水平，维护和稳定广大农民的利益。大力发展教育事业，普及科学文化知识，破除封建迷信，用生动活泼、健康向上的文化占领农村思想文化阵地，使包括信教群众在内的广大农民真正感到代表他们利益、能够带领他们创造幸福生活的是党和政府，把他们引导到发展生产、劳动致富的正确轨道上来。

（二）做好城镇化进程中的宗教事务管理工作

在推进城镇化的过程中，无论是由农村向城镇流动的人口还是定居于城镇之中的人口，均存在宗教信仰问题。如何正确认识城镇化进程中的宗教，引导宗教更好地与社会主义社会相适应，妥善处理好涉及宗教方面的各种社会关系和矛盾纠纷，对于完善城市功能、维护城市稳定、促进城市发展具有重要意义。

由于城镇化进程中宗教活动场所布局不合理、数量不足、面积有限，与实际需要不相适应，已不能满足信教群众的实际需求，有待新建扩建。一些原有的宗教矛盾随着人员的流动转向城市，城镇正日益成为宗教矛盾纠纷的汇聚地。一些信教群众聚居的社区生活环境、卫生条件、治安状况极差，难以整治。由于农村群众信教虔诚、热心、能力强，逐渐成为城镇中部分宗教活动场所的骨干力量或管理者，并力图用自己对宗教教义的理解对原住地信众进行引导，

与原居住市民信教群众产生一定的矛盾。由于城镇聚集功能的增加，许多宗教方面的矛盾汇聚到城镇但又得不到及时消化和解决，累积的矛盾极易转化为纠纷与事件，从而给城镇的发展、稳定与社会和谐带来新的隐患。

无论是位于农村的宗教活动场所还是已经处于城镇之中的宗教活动场所，均会有一些面临着被拆迁和重新安置的问题。城镇拆迁改造中引发的宗教问题日益突出：一方面由于城镇拆迁改造打破了传统的居住格局，造成信教群众社会生活和宗教生活的不方便，导致信教群众的不满，给信教群众聚居区改造工作增加了很大难度，并往往因此发生对立和冲突。另一方面，拆迁后宗教活动场所布局、规模与信教群众的要求有距离，从而导致群众的不满与对立冲突。凡此种种，都加重了城镇宗教工作的任务，增加了城镇化进程中的社会成本和社会压力。[①]

伴随着城镇化和现代化的进程，人群结构发生变化，宗教关系和宗教问题更趋复杂多变。这就要求我们加强基层党组织建设，不断创新社会管理工作；善于运用群众工作方法、社会工作方法和统一战线方法，寓管理于服务之中，在服务中深化管理、强化管理。

在城乡一体化进程中，可鼓励宗教界人士根据各地区的文明建设规划，积极参与城乡文明建设，维护国家利益和民族团结，抵御境外消极思想的渗透。结合各自宗教的教理教规，将社会主义价值观和荣辱观融会到讲经、解道、宣教的内容中，劝人行善，守信诚实，促进社会风气的进一步好转。充分调动宗教界和广大信教群众参与城镇化建设的积极性，不断为城乡一体化进程增添新力量，实

① 冯今源：《当代中国宗教现状纵横谈》，中国宗教学术网，2011年4月11日。

现信教群众与不信教群众共同奋斗、共同富裕、共同繁荣的良好局面。

在城镇化进程中，如何协调城镇规划建设与宗教活动场所布局之间的关系，探索解决宗教活动场所合理布局问题，应成为当前宗教工作的一项重要内容。要正确处理宗教活动场所总体调控与局部整合的关系，做好具有前瞻性的中长期布局规划。在处理城镇化进程需要拆迁的宗教活动场所时，一定要坚持以人为本，坚持以信教群众为本的宗教工作原则，积极稳妥地依法依规处理好城镇化进程中宗教活动场所拆迁和安置问题，满足信教群众在城镇化进程中过好宗教生活的需要，维护好他们的权益，理顺他们的情绪，调动他们的积极性，保护好宗教历史文化的传承，为实现健康的、新型的城镇化做出贡献。①

五　做好宗教工作要严格区分宗教与邪教

在中国，“邪教”一词最早出现于唐代，明清时期的文献中更是多次出现。它特指以宗教等为名号从事危害社会活动的有组织的邪恶势力。1999 年，最高人民法院、最高人民检察院在《关于办理组织和利用邪教组织犯罪案件具体应用法律若干问题的解释》中，给邪教组织作了明确的定义：邪教组织是指冒用宗教、气功或者其他名义建立，神化首要分子，利用制造、散发迷信邪说等手段蛊惑、蒙骗他人，发展、控制成员，危害社会的非法组织。

目前，我国认定和明确的邪教组织有 14 种。其中，中央办公

① 林劲松：《浅谈城镇化进程中的宗教事务管理》，《中国民族报》，2012 年 10 月 23 日。

厅、国务院办公厅文件明确的有 7 种，公安部认定和明确的有 7 种。这 14 种邪教组织中，包括全能神教在内的呼喊派等派系。中央办公厅、国务院办公厅文件明确的邪教组织有 7 种：呼喊派、门徒会（徒弟会）、全范围教会、灵灵教、新约教会、观音法门、主神教。公安部认定和明确的邪教组织有 7 种：被立王、同一教（统一教）、三班仆人派、灵仙真佛宗、天父的儿女、达米宣教会、世界以利亚福音宣教会。

（一）邪教不是宗教

我国法律中有明文规定，邪教不是宗教，《刑法》第 300 条规定："冒用宗教、气功或者其他名义建立，神化首要分子，利用制造、散布迷信邪说等手段蛊惑、蒙骗他人，发展、控制成员，危害社会的非法组织"为邪教。1979 年《刑法》就规定，组织、利用封建迷信、会道门进行反革命活动的，将追究其法律责任。针对上述问题，1994 年 12 月 5 日，中共中央和国务院在下发的《关于加强科学技术普及工作若干指导意见》一文中，就要求破除日益猖獗的伪科学和愚昧迷信。1995 年 5 月 6 日，中共中央、国务院再次下发《关于加速科学技术进步的决定》，指出一定要用科学战胜迷信和愚昧。2001 年 12 月 10 日至 12 日，中共中央和国务院召开的全国宗教工作会议指出：宗教工作是党和国家工作中的重要组成部分，在党和国家事业发展的大局中有着重要地位。全党同志必须从保证党和国家长治久安，促进改革发展稳定大局的政治高度观察和处理宗教问题，充分认识做好宗教工作的重要性。朱镕基同志在全国宗教工作会议的总结讲话中指出："邪教不是宗教，但邪教往往打着宗教的旗号蒙骗群众，危害社会。要广泛深入地普及科学知识和科学精神，

大力反对封建迷信，从根本上铲除邪教的社会土壤。必须继续依法打击和取缔一切邪教活动，严防新的邪教产生。在同邪教作斗争中，要继续发挥宗教界的重要作用。”①

我们党和国家历来严格区分宗教和邪教，依法保护正常的宗教组织和宗教活动，取缔和打击邪教。1983 年，中央统战部和公安部、国务院宗教事务局经过调查研究，向党中央提出《关于处理所谓“呼喊派”问题的报告》，经中共中央批发执行。所谓“呼喊派”是少数流亡国外的反动分子，在国外反动势力的支持和资助下，利用宗教形式渗透到国内进行反革命活动的反动组织，它经常聚众大喊大叫，搅得四邻不安，冲击和抢占教堂，冲击党政机关和公安部门，叫嚷要与共产党和人民政府对抗到底。这是我国最早出现的邪教组织，有很大危害性。各有关地区遵照中央的批示，对“呼喊派”组织实行取缔，对其首恶分子进行打击，对受其蒙蔽的群众进行转化。但“呼喊派”的组织虽被摧毁，其残余势力仍不时死灰复燃。其后，又出现了一些类似的邪教组织，最后出现了最大的邪教“法轮功”组织。“法轮功”是剽窃佛教的某些教义而建构其邪说的。最早对“法轮功”进行批判的是佛教界人士，他们认为“法轮功”是“附佛（教）外道”。随着揭批“法轮功”斗争的深入和大量揭露出来的事实证明，“法轮功”组织不是一般的非法组织。该组织盗用某些宗教、气功的词语概念，但又不敢称就是宗教或气功，这种非党、非教、非气功的性质及其对社会的严重危害，恰恰证明“法轮功”组织就是邪教，应与宗教、气功的正常组织区别开来。早在

① 黄铸：《关于马克思主义宗教观和党的宗教政策的若干问题——学习江泽民同志在全国宗教工作会议上的讲话》，《中国民族报》，2002 年 3 月 29 日。

1996年，以赵朴初为代表的宗教界人士就一针见血地指出“法轮功”是一种邪教，并认为“光是取缔还不够，还须以理摧伏其谬论，才能有效。”在1999年政府宣布依法取缔“法轮功”后，各宗教界的代表人士及信教群众坚决支持和拥护政府的决定，纷纷声讨“法轮功”，并参与了对“法轮功”顽固分子的帮教转化工作。依法打击“法轮功”邪教组织，保护了人民的合法权益，保护了社会的稳定和经济的发展，维护了法律的尊严，促进了社会的文明和进步。

一些邪教组织虽被取缔摧毁，但其残余势力在国外敌对势力的操纵下仍企图负隅顽抗，死灰复燃。所以，我们同邪教的斗争仍然是长期的，这是渗透和反渗透、颠覆和反颠覆斗争的组成部分。

（二）崇尚科学，反对邪教

近几年，一些地方的邪教组织又死灰复燃，新的邪教组织从境外渗入或内部滋生，活动猖獗。如在2003年抗击“非典”时期，巫婆神汉、伪科学和邪教组织纷纷借机兴风作浪，宣传歪理邪说来迷惑广大群众，从中获取暴利。2014年5月28日，山东招远发生6名“全能神”邪教人员残杀无辜群众事件。全国政协委员、宗教问题专家王树理认为，“招远事件再次暴露了‘全能神’的邪教本质，邪教不是宗教，甚至是反宗教的。”邪教跟宗教没有任何关系，邪教偏离人性，背离人性，是反人类也是反宗教的。他建议相关部门，在防范各种邪教思想上要树立起露头就打、毫不手软的政策，强烈要求相关部门揭示邪教本质，司法机关依法严厉惩处这些犯罪人员。

我们要严格区分宗教与邪教，保护正常的宗教组织和宗教活动，团结广大爱国宗教界人士，坚持不懈地同邪教及其他宗教极端势力作斗争。在依法打击邪教和利用宗教进行的非法活动的时候，要区分两类不同性质的矛盾，对受蒙骗的大多数群众主要是进行教育，对极少数为首分子，要依法惩处。要团结大多数，最大限度地孤立、打击极少数。

爱国宗教界反邪教具有天然的敏感性和优势，我国宗教界就在反邪教斗争中作出了积极的努力。宗教界人士以高度的社会责任感和敏锐性对邪教进行了斗争。比如，一些宗教团体认真搜集并批驳邪教组织的反动观点，整理成小册子分发给信教群众，让信教群众提高认识，分清正邪，增强信教群众对邪教的抵御能力。由此可见，宗教界是反对邪教、抵御境外宗教渗透的重要力量。

针对气功、特异功能等封建迷信活动猖獗，我们党多次指出要用科学战胜迷信和愚昧，继续对广大群众进行马克思主义宗教观的宣传教育工作。我们在积极宣传无神论的同时，对正常的宗教活动要坚定保护，要用国家的有关政策予以正确引导，使宗教更好地与社会主义社会现实相适应。

在反邪教问题上，党和政府是坚决的，全社会包括宗教界也是积极的。但我们必须清醒地认识到，邪教具有隐蔽性、欺骗性、顽固性，已被取缔的邪教可能死灰复燃，新的邪教组织可能不断产生。

对邪教一是要充分认识其本质和危害；二是加大科普工作力度，提高国民素质，用科学之光荡涤歪理邪说；三是运用法制的力量坚决取缔、打击邪教活动。对受蒙蔽的群众以教育为主，促使他们早日觉醒，对执迷不悟的邪教骨干分子，包括邪教教主及其顽固追随者则要依法严惩。只要我们思想明确，措施得力，定能遏制邪教势力的蔓延，保证社会的稳定发展。

崇尚科学，树立辩证唯物主义世界观，是消灭邪教的思想保障。要真正铲除邪教，归根结底还是需要健全法制，加强整个社会精神

文明建设，特别是对青少年，要加强人生观教育，提高科学文化素质。同样重要的是，要着力加强社会治理体系和治理能力建设，努力推进经济、政治、文化、社会和生态五大建设同步发展，这是从根本上消除邪教赖以滋生的社会根源和思想根源的基本条件。

凡非法宗教或邪教活动猖獗的地方，要特别重视以党支部为核心的村级组织配套建设，增强党组织的凝聚力。要落实宗教活动场所民主管理组织负责人由村（社区）党支部成员担任的规定，并切实担负起领导和管理责任。在一些“宗教热”的乡、村和边远村寨，党组织要建立工作责任制，解决宗教工作无人抓、无人管的问题，坚决改变对宗教问题放任自流的状态。要经过耐心细致而又扎实有效的工作，把信教和不信教群众团结起来，把他们的积极性引导到发展经济、脱贫致富和建设社会主义精神文明上来。